柒舟　邹鋆弢◎著

IP是门好生意

把IP做成一门大生意，用自媒体写作为自己加薪

地震出版社
Seismological Press

图书在版编目（CIP）数据

IP是门好生意 / 柒舟，邹鋆弢著．
-- 北京：地震出版社，2022.3

ISBN 978-7-5028-5264-1

Ⅰ．①I… Ⅱ．①柒… ②邹… Ⅲ．①传播媒介—运营管理 Ⅳ．① G206.2

中国版本图书馆 CIP 数据核字 (2021) 第 265944 号

地震版 XM4768/G（6224）

IP是门好生意

柒 舟 邹鋆弢 著

责任编辑：张 平

责任校对：凌 樱

出版发行：地 震 出 版 社

北京市海淀区民族大学南路 9 号　　　　邮编：100081

发行部：68423031　68467991　　　　传真：68467991

总编室：68462709　68423029

证券图书事业部：68426052

http：//seismologicalpress. com

E-mail：zqbj68426052@ 163. com

经销：全国各地新华书店

印刷：固安县保利达印务有限公司

版（印）次：2022 年 3 月第一版　2022 年 3 月第一次印刷

开本：710 × 960　1/16

字数：169 千字

印张：13.25

书号：ISBN 978-7-5028-5264-1

定价：45.00 元

前　言

Preface

我的自媒体故事

我一直觉得，在我们每个人的生命里，都有两个自我：一个坚强、独立、理智，一个柔软、青涩、感性。在周而复始的生活中，我怕会丢失那个柔软、青涩、感性的自己，怕变成一具没有灵魂的躯壳。

有人不理解我为什么那么爱写文章，因为那是通往内心的道路，我怕有一天，会丢失了自己。很多人都有一个作家梦，想让这个世界听到自己的声音，记住自己，想为这个走过一遭的世界，留下点痕迹。有人用电影，有人用笔墨，有人用音乐，有人用镜头……无论用哪种形式，都是在找寻自我，表达自我。

我的故事

从小到大，我一直梦想当作家。小学时，在课堂上和同桌一起偷看儒勒·凡尔纳的《地心游记》，我总是看得比她快，每次都焦急地等她翻页。

初中时，周五晚上是我固定的看小说的时间，每次都是兴奋地看到天亮，从《红与黑》到《傲慢与偏见》，我想看遍所有名著。

高中时，无论学业多忙，每个周六的上午，都是我雷打不动的小说创作时间。当时家里没有电脑，我就写在本子上，从短篇到中篇，再到长篇，从武侠到抗战，从青春爱情到科幻悬疑，我沉浸在自己创造的世界里，无法自拔。

我还记得当时，每完成一个章节，都会兴奋地第一时间拿给闺蜜看，等她读完，满怀期待地等待她的点评。我还跟好哥们一起接龙写小说，每晚躺在床上都有各种情节从脑海中掠过；第二天睡醒，我就迫不及待去看他的情节写到了哪里。甚至交男朋友时，我都乐此不疲地给他读我写过的各种小说。

硕士毕业后，我成了一名"改变世界"的互联网产品经理，我设计出各种产品，获得过不少国家创新专利，但随着薪资和职位越来越高，幸福感却并未增加，儿时那个作家梦一直蠢蠢欲动，常常召唤我。

我的创业之路

最终我裸辞了，主动放弃了美团高薪的工作，在互联网寒冬的当下，在一个尴尬的年纪，身边的朋友们听说后都认为我疯了。每当被问起原因，我没有过多解释。我想试试。我还未老，我想为一个梦试一次，哪怕一次！我想试试。我已浪费了太多时光，那段时间，每天清晨睁开眼，都忍不住问自己：你在做什么？你还是曾经的那个你吗？我无言以对。

也曾想自我欺骗，但有一天，一个午后，我请了半天假，漫无目的，游荡在北京街头，一路走，一路循环听《我曾》，不知循环了多少遍，突然泪如雨下，无法自已，在马路边哭得像个孩子。谁不曾是有梦的热血少年？

我曾为了考研，两年每顿只吃夹菜饼，整日泡在图书馆的自习室；我曾顶着烈日，一日辗转三家做家教，连续讲课十多个小时，直到声嘶力竭；我曾为陪母亲看病，在医院抱着电脑完成我的硕士论文；我曾为了我的北京梦，连夜打包行李，从家里偷跑出来，拿着借来的三千块钱，踏上北上的列车；我曾白天上班，晚上赶书稿，周末教英语SAT，两周写出十五万字的书稿；我曾为设计产品，和一群战友，熬过无数个日夜，一同哭过、笑过……那个曾经的我，现在在哪儿？那个曾经的你，你还记得吗？

也就是在那一刻，我决定辞职，如释重负，阳光正好。

晚上，我试探老于。

我说：我想辞职，想做点自己真正想做的事。

他说：辞！我支持你。

我说：我可能要很久都不挣钱，以后也不知道能不能挣钱，肯定跟我之前互联网的薪资不能比。

他说：只要是你想做的，多久都行，我养你。

我说：我想写作，我想寻找自我。

他说：好。

老于全程不仅毫不犹豫，还给我买了台很小巧的便携电脑。

他说：以后你外出写东西，用这个方便。

在这一年中，无论是在图书馆、火车上、飞机上，伴随我的，都是这台电脑。

老于，我的爱人，遇到你，我此生无憾！

没过多久，我跟一个久未谋面的老友微信聊天。

我说：我想辞职，写作。

他说：我也爱写作，等我哪天退休了，我就能好好写作了。

我说：为什么要等到退休，为什么不现在就做？

他说：好。

我说：那我们一起吧？

他说：好。

于是，这个研究机器人的教授，多家上市公司的创始人，成了我公司的合伙人。他什么都没问，就义无反顾地加入了进来。那天晚上，我们兴奋地聊到半夜，兴奋到失眠。现在回想起来，我们那晚畅想的所有事，都已被我们一一实现。

老邹，我的战友，遇到你，此生无憾！

我和粉丝的故事

之后的日子里，我遇见了很多有趣的灵魂，听到了很多动人的故事，一次次被素未谋面的人感动，感动于每个生命的坚韧与执着，我想尽我所能帮每个人实现梦想。

常常有人问我："你写作最大的收获是什么？"我说："认识你们。"

手机的另一端，是一个个鲜活的生命：有为爱只身远赴他乡的浪子；有为陪伴母亲治病，放弃大城市高薪职位的青年；有在小城市拼尽全力改变命运，大器晚成的中年；有三十多岁放弃高薪且稳定的工作，远赴英国追寻梦想的姑娘；有一手抱宝宝，一手敲电脑，书写梦想的宝妈……其实，每个人都是一座宝藏，都是自己人生的作者。

我常常被这些鲜活的生命震撼、感动，你们像一座座灯塔，指引我找到内心的方向。很多时候，我为你们答疑解惑，鼓励你们，你们也在鼓舞着我，字里行间，充满力量。

有粉丝曾对我说："你活成了我梦想中的样子。"这让我温暖感动、开心惶恐，唯有更加努力地生活，为梦想奋力拼搏，才能无愧于你们的爱。

这么多年，我始终学不会成熟，还是会为别人的故事感动落泪，为多舛的生命心疼，为执着努力的生命喝彩。

致敬所有奋斗在路上的人们，致敬生命中的每次低谷与黑暗，请默默积蓄力量，相信一切都会有的，会有的。

还有你们，在看此文的朋友，遇到你们，我此生无憾！

梦想不会老

经过不懈努力，我们取得了一个个成果：创立了两个公司和品牌，公众号获得大量的关注和喜爱；培养了一批批优秀的作者，队伍不断壮大；

身处知识服务领域，产出了各类优质知识内容，遍及自媒体、纸媒等领域，建立各种商业合作；和今日头条签署了长期的MCN（多渠道网络）战略合作，为今日头条培养了众多优秀的作者；和图书出版机构建立长期合作，多本书籍将很快出版。

在我们的孵化下，越来越多的朋友圆了写作梦：有的已成为自媒体大V，有的成为头条的签约作者，有的出了人生的第一本书，有的拿到人生的第一个青云计划奖金……让我们共同将一个个不可能变为可能。

诗和远方

人生就是一个故事、一段烟火，每个人都在书写自己的故事，都期望遇到那道照亮生命的光。那道光，我找到了，相信你也能找到。欢迎加入我们，这里远离尘嚣，只有诗和远方。只要有一颗热爱写作的心，无论你来自哪里，无论你从事什么职业，让我们一起聊聊彼此的故事，一起品尝人间“烟火”。

我在这里等你，煮酒品茶，倾听你的故事。欢迎关注我的公众号“柒舟白领指南”（ID：tingtao77），也欢迎加我的微信：qizhoujiejie001。自媒体寻梦路上，你不孤单，不仅有我一路陪你，还有众多自媒体作者与你同行。

目　　录

Contents

第一章

欢迎打开这个全新的世界

1. 新渠道：自媒体四大特点

随着互联网技术的发展，人们的行为越来越依赖网络。经过这几十年时间的沉淀，人们在互联网上创造了一个虚拟世界。在这个虚拟世界里，人们可以轻松完成大多数现实中不能完成的事情，并且虚拟世界里的事件不受物理空间的限制，使得信息交互更加快捷方便。于是，在互联网上形成了一套有别于现实世界的信息交换渠道。这套全新渠道的出现颠覆了传统媒体在现实世界中自上而下地发布信息的运作模式，创造了全新的、立体的媒体运作模式。

互联网的资讯发布渠道和传统媒体相比，具有更快的传播速度。传统媒体中的报纸、杂志和书籍需要通过实体来传递信息，需要通过采编、印刷、投递才能将消息传递给读者，这个过程中的印刷和投递都需要消耗大量的时间。只有电台、电视台的信息发布速度和网络近似，可以一瞬间多点送达，但是广播和电视的资讯发布时间固定，也不能像报纸一样反复观看。而互联网媒体平台结合了二者的优势，既快捷又可反复观看，从而一下子吸引了大量用户。

互联网媒体平台的运营成本也比较低。纸媒的印刷成本极高，需要大量专业人士参与，才能将一份报纸或者杂志制作出来。销售发行体系更是一个庞然大物，非个人可以完成，个体只能通过投稿完成个人作品发布。而电视台的节目制作更加复杂，需要大量专业设备。借助电视发布信息的人，大多是大型企业，主要用其呈现自己的商品广告。互联网媒体平台的出现，让个体可以通过一台电脑、一部手机，实现在互联网平台上免费发布信息。这样就能让更多的人参与到资讯发布中，使得资讯更加多样化。

互联网媒体平台沉淀了很多内容，这些过往的旧内容可给予创作者新启发，从而实现内容的再次创造。资讯发布渠道的改变，赋予自媒体和传统媒体全然不同的特点。我们只有深刻了解这些特点，才能真正发挥出自媒体的威力，做出适合自媒体的内容。下面就具体介绍新渠道带来的自媒体四大特点。

传播信息双向化

信息双向交流的快捷性，使自媒体的创作发生了巨大变化。我们不用再像传统媒体那样，需要在内容创作前展开大量的调研及评审工作，判断内容是否受欢迎。对于自媒体创作者来说，更多的是通过大量的尝试和创造判断出来的。我们可以快速开启创作工作，不断地推送我们完成的作品，通过受众的反馈，了解他们对我们作品内容的喜好。所以，在自媒体时代，我们的内容创作不再以长篇大成本的制作为主，而是以短内容、短视频为主。这样的好处在于我们可以通过用户的反馈，快速调整内容，让后面的内容越来越能满足用户的喜好，但这可能是很多传统媒体向自媒体转变的难关。

现在，大量的自媒体人是根据读者的喜好和反馈进行创作的，这样创作出的内容十分契合用户需求，但同时也会带来一定的负面影响，那就是一些不理智的粉丝会对你的作品发表一些不好的评论。在这里，我要向自媒体创作者强调一点，一定要有比较强大的内心和相当的包容性，因为你进入这个行业之后就会发现，世界上的人形形色色，他们对事物的理解和看法，并不是完全一样的，有很多人的心智并不成熟，所以他们会对很多事物产生一些偏激的想法。我们要能够包容和接受这些比较刻薄甚至负面的评论。

总而言之，我们一定要记住更加快捷的双向交流是现在自媒体最为重要的特征，它使我们和受众之间产生了更加紧密的关联，要想让这些受众参与到我们的创作过程中，就要充分吸收他们的想法，让我们的内容更加符合他们的喜好。

传播渠道移动化

自媒体时代的传播渠道经历了前所未有的变化，打破了时间、空间的限制。以前，我们想让别人分享一些内容，必须要将大家约出来，进行线下的面对面交流与探讨。而现阶段，大多数人是用手机交流的。人们在使用手机时，有一个显著的特点，就是会利用大量的零碎时间，比如等车、等人、吃饭、休息等这样的时间。这样的零碎时间有一个最大的特点，即其并不是一段很长的时间，而且大家不会把所有精力都投入到观看的内容中去。

所以，在这种情况下，写的文章一定要短小精悍，如果文章太长的话，大家很可能会把它收藏起来，等到有充足的时间时再去阅读。但我们需要知道的是读者把文章收藏起来后，再次阅读的机会很小，因此只有那些深入浅出的文章，才可以让他们轻松快速地完成阅读，同时产生转发评论的冲动。大家转发文章的主要原因是其观点符合他们的想法，而不是因为这篇文章的文字非常华丽，或者制作非常精美，这样的文章用简单的手法直接反映出读者内心的想法，让读者非常认可这些内容，于是产生了转发的冲动。

传播渠道移动化，使我们的文字和视频创作的模式发生了巨大的变化。自媒体人不能再采用传统媒体的内容创作模式和方法，而是要进行符合新时代、新渠道要求的创新，让受众可以在短期内迅速了解，让我们的内容更加适合移动阅读。

传播行为个性化

传统媒体传播的信息，往往是根据内容的商业价值和媒体平台的社会定位进行选择的。比如说教育类的媒体，可能会选择跟教育相关的内容进行传播；如果是一个地方性的媒体，那么可能会选择地方的资讯来进行展现。所以，当机构为媒体的主体时，它们的选择往往会具有一定的趋同性，而自媒体的出现，使整个内容的传播行为产生了巨大的变化。

随着互联网技术的发展，大家越来越习惯使用手机浏览各种各样的内容。人们在浏览这些内容的时候，往往会把一些自己喜欢的或觉得有意思的文章、照片、视频转发给自己的朋友。大家不要小看一个小小的转发动作，这个动作让转发不再由少数人决定，而是由每一个个体根据自己的喜好来决定。从这一刻起，内容的转发开始变得去中心化，被一个群体所喜欢，让他们有转发和传播的欲望将成为媒体内容传播的核心。比如一部电视剧要想热播，首先要能够打动电视台的负责人，而电视台的负责人又通过什么来判断这部电视剧会不会火爆呢？一般是通过是否有明星参与演出，剧本是否扣人心弦，题材是否流行等一系列标准进行判断。那么，在这种情况下，为了能够让电视台播放这些内容，只能去聘请大量的明星或是出名的导演，这也是现在的影视作品成本越来越高的主要原因。而自媒体内容的转发是由个人喜好来决定的，就自然打破了这一格局，同时也开始更多地侧重于内容的编写。

这样就形成了很多小众形式的传播。比如，一些方言、一些地方的特有习俗、一些比较有特色的美食，在以前的媒体中，由于受众面太窄，是不可能被选择的。但现在，为了考虑受众黏性和传播性，这些内容反而变成了非常热门的资讯，也可以在一个较小的圈子里形成共鸣，并且传播对象的黏性非常高。传播行为的个性化带来的最主要的变化就是对品牌的选择。以前，我们只能接受别人给予我们的东西，而现在我们可以主动去选择自己喜欢的东西。

传播速度实时化

传统媒体的内容输出往往要经过一个固定的生产周期。现在，随着内容生产工具越来越普及，内容发布平台越来越成熟，一个人可以把自己看到的有趣的一幕迅速拍下来，配上简单的说明，直接发布，甚至可以直接通过手机开始直播。传播速度实时化，使我们每一个人都有可能成为内容的创作者。我们只要有一台电脑或一部手机就能完成自媒体创作，就不会被固定的场所、固定设备、固定的发布时间、固定的节目表等束缚住。比如利用宝宝的睡觉时间、工作的闲暇时间、中午午休时间等很零散的时间，就可以创造出个人的自媒体作品，并且立即分享出去。对于受众来说，他们可以随时随地看到新鲜出炉的内容；可以在晚上睡不着的时候，看到同样孤单寂寞的人发出来的心灵感悟；可以在观看球赛的过程中，看到无数球迷分享自己对于比赛的感受；可以迅速地就某一个话题展开讨论。

这种技术上的突破、时空上的突破，使自媒体的创作类型变得越来越丰富，内容越来越接地气。但与此同时，传播速度的实时化，对创作者提出了更高的要求。创作者要把握时间，抓住热点，在最热的时间段迅速地发布内容。如果我们不能及时抓住时机，抢占热点，那么在这种情况下，我们应该怎么办呢？这个时候，创作者可以去做深度分析的文章。同样，由于传播速度的实时化，我们可以很快地发表我们的作品，同样也可以很快得到关于作品的反馈。我们在创作的过程中，要多去关注这些反馈，这样我们创作的内容就更具有针对性。在这一点上，直播其实做得非常好，主播直接跟观众进行互动，根据观众的现场反馈，满足观众的要求。譬如在直播期间，观众要求主播唱些他们喜欢的歌曲或者尝试些观众想看的内容，这都是我们要重视的反馈。

2. 新形式：内容创作模式彻底颠覆

用户导向由“自上而下”变为“自下而上”

在自媒体时代，除了渠道模式全新以外，整个表现形式和创作形式也是全新的。为什么这个时代的自媒体要以用户为创作核心呢？

因为传统的传播渠道是自上而下的，创作者创作的内容必须得到电视台等媒体的认可，这样作品才会得以传播，此时的观众只能被动接受媒体播放的节目，没有太多的选择。而现阶段，由于自媒体的发展，出现了大量的频道和内容，使得用户有了更多的选择，用户不再像以前那样，而是可以通过各种平台去选择自己喜欢的内容。因此，对于自媒体从业者来说，不是谁的终端多谁就可以获胜，而是谁的用户点击量大、传播速度快，谁就可以获胜。

在当今社会，抢占用户成了自媒体最重要的工作。既然抢占用户十分重要，那就必须得了解用户的喜好是什么，针对他们的喜好来准备内容，并为他们服务，将有相同喜好的用户通过同一类型的作品关联在一起，改变以前自上而下的发放模式，以内容来吸引更多的用户。另外，我们要利用最近的时事热点以及发展趋势进行创作。比如，推理探案剧比较流行，那么创作者就需要准备一些与侦探相关的影视作品；当年的热点之一是奥运会，那么创作者就需要准备与奥运会相关的内容；有些明星热度较高，就可以邀请他们来制作一些作品。

这种巨大的转变将传统媒体研发模式彻底推翻，让越来越多的个性化内容成为自媒体的主流。只有为用户提供个性化内容服务，提供差异化的服务，用户才会成为创作者的忠实粉丝。

你的受众需要什么，就给他们什么

我们现在都知道，内容需要以受众为中心，为受众提供他们感兴趣的内容。但是如何能够创作出受众关心的内容呢？那就只能通过分析受众的行为来进行了解。随着互联网技术的发展，现在的媒体产生了非常多的交互方式，譬如点赞、评论、转发，我们可以通过受众的这些行为来分析他们对什么样的内容更加感兴趣，更加认可。

有的文章点赞很多，但评论很少，这样的文章往往很难引发转发的行为，因为文章没有激发读者的参与感；有的文章点赞很少，但评论很多，同样也很难传播出去，因为大家可能对文章内容有争议。读者会转发的文章，能够让读者认可文章的核心价值，让读者愿意参与其中，让他们拥有足够多的参与感，在这种情况下，他们才有可能转发。除了点赞、转发、评论可以助我们分析外，读者的阅读时长、性别、跳出率等一系列的数据都可以用来分析读者对文章的态度，这要求我们了解一些统计、分析知识，这样才能更好地对读者行为进行分析。现在的自媒体人不仅要有创作能力，还需要有复合能力，尤其要有对受众行为的分析能力。

从个体到集体，大数据精准勾勒用户画像

分析用户行为可以帮助我们更好地了解用户的需求与喜好。我们要想获得更多的粉丝、更多的关注，就要对粉丝的行为进行提炼，从个体行为中，尽可能提取出更多的相似点，从而形成一个用户画像。

灵活互动，读者共同参与内容创作

随着自媒体的发展，读者在文学作品创作中的作用越来越大，他们不仅仅帮助作者寻找创作灵感，调整创作方向，也在参与文学作品的创作全过程。很多时候我们经常会有这样一个感慨，我们是进来看文章的，然而评论却比正文更加精彩，有很多优秀的评论其实超过了正文本身的价值。越来越多的自媒体人学会了利用引导性题材，将粉丝群体中有才华的人吸引到整个作品的创作过程中。

知乎有一个专栏叫作《知乎吐槽》，就是把一些神回复提炼出来给大家阅读，所以自媒体人很多时候是在充当创作平台的角色，提出一个话题，描述一个背景，剩下的交给读者来共同创作整个内容，因为只有读者参与到创作过程之中，他们才会更加认可并积极转发整个作品。除了读者参与内容创作外，他们的转发行为也是对作品的一种创作。读者将作品转

发到了不同的群，在不同的群里，形形色色的人也会接触到这个作品，这也将产生不同的结果。也就是说每个读者的传播行为是死板且单一的，但整篇文章的受众会让作品产生难以预测的变化，使其向不同的方向发展。

一个简单的转发，实际上是扇动蝴蝶翅膀的一个过程，可能会带来翻天覆地的变化，每一个粉丝的细小行为都会使整个作品的未来发展产生意想不到的结局。在如今的自媒体时代，作品不是全由创作者自己决定的，而是一个群体把自己的喜好展现给创作者，让创作者来帮助他们完成喜欢的东西。在这种情况下，我们要善于和读者沟通、交流、接触，深入到他们的群体中去，这样才能使我们的作品持续不断地满足他们的喜好，这样的作品才是能够自我成长与发展的、才是有生命力的作品。

3. 新内容：内容多元化，打开想象的翅膀

短内容的自我展现

其实，我们每个人或多或少都在参与自媒体创作，像微博、朋友圈等这些东西，都属于典型的短内容创作自媒体平台。它的特点是内容可以非常短小，仅仅把自己的一些想法和感悟发出来即可。这样的内容对创作者并没有很高的文字功底的要求，只需要你对某件事情有想法、有感触，或者有把自己身边的一些趣事记录下来的习惯，就可以成为自媒体的创作者。这样的创作手法虽然简单，但当我们将无数人的创作结合在一起时，就会产生巨大的力量。我们可以通过这些内容了解别人的生活，了解他们的一些人生感悟。很多人觉得这只是记录了自己平凡的一天，但是对于其

他人来说，却是特别不一样的一天。例如在抖音上有大量的视频只是记录了自己的日常生活，但也都引起了别人的兴趣。因为对于不了解视频内容的人来说，这是一种全新的感触；而对于了解视频内容的人来说，就会引起共鸣，产生非常强烈的传播欲望。所以，短内容作品一定要结合自身的特点，展现自己的特殊性和个性，同时，让更多的粉丝来关注和了解即可，不需要去做非常复杂的创作。

图文并茂，价值输出

除了这种短小精悍的内容之外，我们还可以采用图文并茂的比较长的文章的方式去展现我们对一些事物的思考。这样的文章往往具有一定的深度，有一定价值增量，大家看完后会觉得有所收获。但要注意的一点是，这类文章仍然要浅显易懂，我们的感悟和观点也许比较深奥，但是表现的形式一定是图文并茂的、便于理解的。我们要用深入浅出的语言，让读者了解我们要表达的观点。文章太长或太专业，是很难被读者喜欢的，因为读者没有时间和精力去了解太长和太专业的文章。所以，在自媒体领域，深奥的内容需要用通俗易懂的方式来表达。图文并茂的长文与短内容的最大区别在于，长文更强调价值增量，不管是情绪上的满足，还是知识上的普及，因为只有让读者感受到价值增量，文章才会被认可、被转发。在做这种价值输出时一定要注意两点。第一点就是内容的聚焦。我们一定要在一个领域进行持续的输出，千万不要今天写这个话题，明天写那个话题，因为这样的内容过于分散，会使粉丝无法适应。第二点就是我们要将长短内容进行搭配。我们的账号内容不能全是短内容，也不能全是长内容，如果都是短内容的话，则过于肤浅，而如果都是长内容的话，就过于枯燥，阅读频率也会较低，以致账号的活跃性不够。所以短内容和长内容的价值输出之间，要进行有效的搭配，这样才能获得更多的关注和达到更好的效果。

你问我答，深入互动

问答是自媒体时代创造出来的，由读者和创作者共同完成的自媒体创作类型。在问答这种类型的创作中，作者往往要先想出一个具有针对性的话题，就像是一个辩论赛的题目，和其他人共同参与，完成整个作品。其次，需要有大量专业人士对这个问题做出不同的回答，这样共同合作完成的作品才会吸引大量的读者观看。在这种问答题材中，我们会发现一件很有意思的事情，就是一个好主题，往往不是一个好答主；一个好答主，往往不是一个好题主。因为提问和回答需要的是不同的技能，一个专业人士看到一个问题，可以做出非常专业的回答，但由于他太过专业，普通人可能无法完全理解他的回答。而一个好的题主会站在普通人的角度，提出普通人所关注的问题，因此他们提出的问题对于普通人来说更具有针对性。这两个方面所需要的能力和技巧是一个人难以同时具备的。通过问答这种形式，双方分别发挥自己的特长，一方代表普通人提出问题，而另外一方代表专业人士去解答问题。这种奇妙的组合不仅能够吸引大家的目光，而且能够很好地满足价值增量需求。

提高效率，由看到听

虽然自媒体作品是以文字阅读与视觉服务为主体的，但声音也是自媒体创作的一个重要方向。广播存在了这么多年，依然具有自己的生命力。

人总有不方便阅读文字和观看视频，而又希望得到外部信息的时候，比如说在开车、健身、做饭的时候，大家可能会希望接收一些额外的信息。这就说明以声音为主体的服务，不能过于沉重或过于占用精力。随着现在的竞争压力越来越大，大家越来越热衷于利用闲暇时间来提升自己。无论是在知识领域还是技能领域，听课是大家普遍接受的一种学习方式，而那种讲课风趣幽默、深入浅出的老师也成了人家的首选，《罗辑思维》栏目可以说是这方面成功的典型案例。其创始人通过讲述很多身边的小故事、小案例，风趣幽默地给大家展示了完全不同的世界，并且让听者收获了很多知识。他让大家通过听课吸收到了更多的知识，让音频的授课方式被更多人所接受。听和看最大的区别是什么呢？那就是听的效率往往更高，人们通过听来接收信息的效率往往比看快很多。所以，在现在的高效时代，我们在进行音频授课时，一定要注重效率，因为它可能会是我们的作品留住观众的核心。

视频播放，全面开花

自媒体时代的视频以全新的姿态向人们展现了一个新的世界。自媒体时代的视频以短视频为主，这些视频主要展现普通人的生活，没有太多的艺术加工，题材也并不是很高大上，更多的是让别人去了解不同的世界。在所有的自媒体内容类型中，视频是发展得最为丰富的一种：从才艺表演到影视作品，从生活记录到动画剪辑……现在的短视频已经发展成了一个庞大的体系，越来越多的自媒体人在里面找到了属于自己的一片天地。

视频和其他形式相比的第一个优点是，它的受众是男女老少所有人群，且不论什么文化程度都可以轻松地通过视频来吸收知识；第二个优点是，通过视频可以把复杂的内容介绍得一清二楚；第三个优点是，视频内容多样化，可通过不同的方法来介绍同一个概念；第四个优点是，很多中老年人对视频的信任度非常大。由于以上这些优点，视频传播成了信息传播中最为有效的途径和渠道，成为兵家必争之地。

短视频的观看主要是在手机上进行的，大家在短时间内快速判断是否要观看这个内容，所以现阶段的短视频比传统视频更加追求快节奏。受众追求更快的节奏，就意味着需要在几秒钟的时间内进入视频内容的高潮。在这种情况下，拍摄的清晰度与内容的精良程度并不是十分重要的因素，是否能让用户觉得有趣、新奇，反而成了最重要的因素。一种从来没有见过的美食、一个从来没有听说过的传闻，这些内容的传播范围可能比大制作的视频更加广泛。

视频带货已成为卖货的一种重要渠道。人们往往把需要销售的商品嵌入视频之中，然后播放给用户，让用户可以通过一段视频来了解商品的好处，并产生购买欲望。这样的视频有很多，比如乡镇的美食制作视频、水果的采摘视频和工艺品的加工视频等。可以说如今的短视频已成为小微企业销售自己货物最重要的渠道之一。

直播打破空间障碍

直播的出现可以说是自媒体对传统媒体的一个挑战和颠覆。传统媒体不论采用怎样的传播方式，都很难实现创作者和受众在一个维度上的实时沟通。而直播形式，使得双方可以进行实时互动，这种模式，让沟通的效率得到极大的提高，也使得主播和观众之间的黏性得到了极大的增强。参与直播的粉丝所提出的问题会被主播提到，这会让提问题的粉丝有种参与整个创作过程的感觉，让粉丝觉得自己是整个群体的一部分。现代人有时需要在网络上寻找存在感，而主播和他们的互动，会让他们产生独立人格的认知快感。

直播打破了空间上的限制，使得主播和粉丝可以随时随地进行交流，久而久之，主播和粉丝之间会形成非常默契的沟通，从而构筑起自己的小群文化。

早期的直播主要是通过游戏、才艺吸引粉丝，而现在的直播越来越功利，越来越倾向于商品的展示，销售主播直接在直播中展示商品，并进行使用心得的分享，同时粉丝可就这些商品立即向主播提出疑问，然后快速形成订单，这种实时互动非常容易让人产生购买的冲动。所以现在的直播已经成为商品销售的一个重要渠道。

4. 新机制：全新分发机制打破权威

从播出到点播，我的内容我做主

自媒体时代和传统媒体时代的分发机制是不同的。在传统媒体时代，内容往往是在做好后整体推送给受众，受众只能选择看或是不看，而在自媒体时代，互联网上有了大量的内容，受众可凭自己的喜好去选择自己想看的东西。早期由于产能的问题，供不应求，不管制作成什么样的作品都会有不错的传播效果。而现阶段，由于自媒体的出现，每一个人都可以在互联网上发布自己的作品，于是慢慢出现供大于求的情况，这种情况下，只有被受众认可的作品，才会更加有生命力。所以整个分发机制从早期的推送什么受众看什么，逐步发展成受众想看什么我们生产什么。这个时代，每个人可以根据自己的喜好和习惯来决定下一刻想要看的内容。每个人的性格、年龄、地域和出身等不同，在不同时刻的感受也不同，于是需求更加多元化。由于每个人的需求不同，故我们所创作的作品要能满足不同人群的需求。只要我们找准了这样的需求点，并持续不断地生产内容，就会收获一批稳定的粉丝，形成自己的媒体帝国。分发机制的变化，使得受众有了更多的自主选择机会，同时让我们自媒体人有机会参与到内容制作中。

平行互联网，去中心化

自媒体出现后，我们再也没有真正意义上的分发中心，不会再有绝对的权威。有时候确实会出现一些我们比较认可的意见领袖，但很难再出现绝对权威来影响我们的选择，这就是我们经常说的平行互联网的去中心化。人们很难不分性别、不分年龄、不分职业地集中在某一个领域。在互联网的世界里，每个人都被分割在一个自己感兴趣的板块中，而兴趣往往是根据我们的职业、年龄、性别等一系列因素产生的。在互联网中，我们被分割在了不同的小板块中，如果我们要通过粉丝去进行查找，就必须通过一些具体的内容去进行，不会有一个万能的方法和渠道对所有人进行查找。也就是说，在动漫板块里面，可能会找到更多的年轻人；在戏曲频道里面，可能会找到更多的老年人。这样的群体，就抽象成了一个用户画像。其中，可能会有无数的意见领袖不断地出现，在不同的时期能够形成最大盈利的这个群体会是前进的方向。但是，随着时间的变化，新的意见领袖不断出现，这个群体在多个意见领袖的作用下逐步细分成了更小的群体。所以在互联网世界里，受众很难形成一个树状结构，而是随着大家讨论的延伸，越来越了解，分裂成无数个更小的碎片，而这些分裂的小碎片很难被各大机构一次性全部覆盖，因此，也就给我们个体留下了生存的空间，让我们可以去寻找一个小而精的分类，去做好自己这一块的事情，为这个领域的人提供最好的服务，这就是自媒体给我们的机会。

用户喜欢的，才是最好的

我们上面说过，新的分发机制是用户去转发他们喜欢的内容，给他们认为可能喜欢这个内容的人，因此用户在转发过程中扮演了最为重要的角色。所以，在自媒体时代，作品要想获得欢迎，就必须让用户喜欢。那么，什么样的作品用户会喜欢，会让他们觉得作品体现了他们的认知和想法呢？第一，作品抽取和提炼了当前的一些热点事件，并从这些事件中精炼出非常强烈的情感，让用户认可这种情感，并去传播。第二，作品新颖奇特，是我们平常生活中难以看到的内容。用户在转发这种作品的时候，会体现出自己强于别人的情报收集能力，会感觉这是自己比别人强的一面。第三，内容有信息增量，就是用户看了我们的内容后收获了知识。这三类是最常被用户转发的内容。还有一些商家利用用户的情感，促使用户去转发。比如说某平台让大家来助力砍一刀的这种形式，就是将人情世故和转发捆绑在一起，让你不得不去转发。所以在自媒体时代，我们不仅要关注内容的研发，还要考虑设计一些新形式。这里强调一下，所宣传的内容和采用的方法都不能违反政策法规。

我们制作内容的目的是为他人提供价值，从而持续吸引更多的粉丝。整个自媒体的建设过程是漫长的，千万不要为了讨好用户而走向偏激的道路。

第二章

什么是自媒体

1. 个人 IP 时代：大学生零成本创业风口

中国互联网从1994年正式接入国际网络，到目前为止，中国互联网已经发生了三次大浪潮，分别是1994年到2000年、2001年到2008年、2009年到现在。

从2009年到现在涌现了不少知名平台创始人，而互联网的创业风口在于门槛低、认知度广，不管是大学生，还是IT龙头企业，都想在这方面分一杯羹。下面为大家阐述一些案例，让大家了解大学生零成本创业的风口为什么偏爱互联网。

饿了么，大学生创业的标杆

俗话说："民以食为天。"日常生活中，很多职场工作者和在校学生，每天在接近饭点的时候，都会很自然地拿起手机点外卖。在现实生活中，互联网给我们带来便捷的同时，延伸出很多贴近生活的平台，而饿了么就是其中的佼佼者。

说起张旭豪，可能很多人不知道这个名字，他是跟我们生活息息相关的大型外卖平台饿了么的创始人之一。当年，互联网外卖平台还没有兴起，更多时候外卖对于我们来说仅仅来自附近相熟的饭店，那时候对于学生来说，如果吃腻了学校食堂的伙食，偶尔可能会点外卖改善一下口味。这种外卖的模式，相对于学生来说，更多是在一定的区域范围内的。想要尝到更好的外卖美食，在互联网外卖平台相对匮乏的当时，无异于天方夜谭。

张旭豪在大学期间也只是一名普通的学生，他会在学校附近兼职送外卖赚取生活费。这时候他可能已意识到了同学们不太满意学校附近的菜品。毕竟当时学校附近的餐饮店不像现在这么多，菜品也不会特别丰富。这时候有一个想法在这位年轻人心中生根发芽，如果通过互联网平台整合一个城市或者地区的餐饮企业，同时在该区域内整合用户资源，一方面可以为比较忙碌、需要点外卖的职场工作者或者在校学生提供合乎心意的菜品，另一方面可以通过平台进行店家推广，从而增加其知名度，而通过与店家的合作，平台还可以产生收入，这几乎是一个多赢的局面。

像前面所说，2009年是互联网行业第三次大浪潮的开端。在前一年的4月，一个本地化的生活平台——饿了么横空出世，而这个平台的创始人就是刚刚大学毕业不久的张旭豪。他与几个志同道合的同学，一同创建了该平台，凭借在学校时做过外卖兼职的经验，张旭豪先从熟悉的商家入手，建立合作，再慢慢地向该地区甚至全国范围覆盖，后面更是延伸出在线外卖、新零售、即时配送和餐饮供应链等业务。

饿了么平台自2008年创立以来，从一个名不见经传的大学生创业公司，到2018年最终发展成以95亿美元估值被阿里巴巴收购的成熟公司。这十年里饿了么以“Everything 30”为使命，通过科技打造本地生活圈。饿了么这十年里走过的风风雨雨正好反映出中国移动互联网创业的完整周期——从无到有，再从有走向巅峰。

或许说到这里大家会有疑惑：为什么一个普通大学生仅凭一个想法和创意可以拥有这样的成就？一个刚刚步入社会的大学生在创业路上没有任何背景和实力，又有谁会为他提供机会？带着这两个问题，我们可以从两个方面来看，即中国大学生创业的两个发展方向，第一个方向是技术层面的创新，第二个方向就是寻求天使投资。我们先来说第一个方向，技术层面的创新，是一种涵盖了科技、艺术等层面的创新。举个简单的例子，我们使用的手机，之前更多的是黑白屏或按键型手机，后来诞生出滑盖手机和现在的触屏手机。这体现的就是技术层面的创新，当然创新不仅仅针对互联网上的软件类，还有日常使用的硬件类。近年来，国家比较支持高新技术企业的发展，不管是团队还是个人，只要持有注册时间3个月或以上的发明专利，就可以申请国家帮扶基金，从而为以后的研究和产品推广提供启动资金。第二个方向，天使投资，是一个更加直观的体现，通过产品的创业计划书，分析出产品的前景、回报周期、短期和长期的收益等，并将创业计划书投向自身企业所处领域内的大型企业，以获得企业帮助。以互联网企业为例，国内知名度较高的网易、腾讯、阿里巴巴这三大互联网企业，比较欢迎有想法的创业年轻人加入。

天使投资对于普通人而言似乎可望不可即，但细心一点的朋友还是可以找到一些渠道，下面给大家介绍一个比较好用的天使投资网站——IT桔子。大家可以在这个网站上找到与自身产品契合度比较高的投资企业，还可以通过这个网站下载产品所需的行业投资解读报告来完善个人的创业计划书，同时还可以明确产品的长处和短处，能更好地为自身产品确立一个清晰的发展方向。

盲目跟风创业，没有市场数据分析能力

很多大学生踏出校门时是怀有一定梦想的，加上家里人的支持，很有可能就会产生创业的想法。但是由于刚出校门，对各类型资源渠道的认

知比较匮乏，往往容易产生盲目跟风的创业行为，我身边就有不少大学生创业失败的案例。譬如朋友A在学校里学的是互联网电商方面的专业，运营店铺的知识相对比较丰富，但他却认为在大学里学过互联网电商知识，就可以在创业初期获得更高的起点，这个错误的认知导致他忽略了创业初期最重要的一点——市场调查。在这里想给各位有创业想法的朋友着重讲讲一个项目所需的市场调查的步骤。第一，需要调查该项目的前景和可行性；第二，需要调查这类型项目的竞争对手有哪些，项目面向哪些人群；第三，也是最重要的一点，该项目的短期变现能力和长期变现能力如何；第四，需要调研并得出该项目与同类型项目的竞争优势在哪里；第五，需要解决货源和市场推广等方面的问题，以实现项目价值。创业者需根据上述步骤所得数据，分析自己的不足之处，且最好使该项目填充市场空白，这样就可以找到一个比较容易取得成功的突破口。

朋友A创业失败，除了没有进行市场调查，还有一个原因就是他没有熟悉的供应商，对于货源的质量和成本没有一个很好的把控。他凭着以往网购的经验，从平台上大批量下单进货，这就造成销售价格偏高，用户购买欲自然就偏低，最后导致货品积压，在半年之后，他的创业项目也随之宣告失败。在这里给有从事电商服装行业创业想法的朋友介绍一个网站——搜款网。在这个网站上可以看到各类最新款服装，不仅能以进货价格进行购买，还有商家一键发货的模式，可以节约大量寻找货源的时间，大家也可以通过各地的服装批发市场了解产品质量、款式和流向这几方面的问题。

上班族副业傍身，心不慌

随着社会的发展，现代人对生活品质的追求越来越高，在追求生活品质的同时，经济压力也逐渐增大。对于“90后”的上班族来说，出现了一个较为普遍的名词——副业刚需。副业主要有两个变现途径，第一个是消耗时间进行变现，第二个是通过自身知识技能变现。本章主要通过解析“副业刚需”为大家分析选择副业的可行性。

2. 宝妈带娃、赚钱两不误

当今社会人们生活节奏快，职场女性在结婚生育以后，所要面对的就是一个选择，即继续自己的职业生涯，保持社会信息输入，还是在家相夫教子，但这样会慢慢地与社会脱节。那些出色的宝妈们是如何做到赚钱、带娃两不误的呢?

自媒体社群运营，新时代职场宝妈的制胜法宝

近年来随着科技的发展和人们生活水平的提高，互联网也迎来了发展的黄金时期，与生活息息相关的信息资讯呈现井喷式发展，而随之产生的自媒体社群运营也就成了当代宝妈比较热衷选择的方向之一。

以前因为信息传播速度比较慢，人们只能通过看书、读报来获取自身所需的信息。虽然通过这两种方式能够保证获得信息的权威性，但是效率较低。在日常生活所获取信息的途径较单一的背景下，自媒体社群运营应运而生，而社群运营是通过我们日常生活中比较熟悉的渠道进行信息传播

的，如微博、今日头条和微信公众号等与我们日常生活息息相关的自媒体平台。社群运营作为自媒体的营销手段之一，主要作用是维系用户和引导行动，社群运营的方法如下。

（1）体现共同价值观

人与人之间的关系，一般通过在相同领域内交流并建立具有共同价值观的朋友圈子建立。“微信群”可以把具有相同兴趣或目标的人群聚拢起来，赋予这个群体共同的价值观。

（2）集中具有共同目标的人群

以我本人为例，我是通过某大型知识付费平台推出的“写作训练营”接触到的自媒体，这个训练营是为有自媒体创作意愿的人开办的。这个训练营中的大多数人不在同一城市或者区域内，而是在全国各地，但是他们都会为了学习而加入这个群体，都有一个共同的目标，即通过在这个训练营中学习实现自身技能的提升。

（3）制定实现目标

以上述训练营为例，经过筛选加入这个圈子的人都抱着学习和提升自身技能的目的。在学习过程中，社群运营人员通过制定最终目标、短期目标和每日目标督促这个圈子内的学员学习，并且设置相应的课题让学员学习讨论，在讨论过程中打破社群运营人员和学员间的间隙，从而建立共识。

（4）专业老师授课分享，增加学员学习兴趣

俗话说：“学无先后，达者为师。”在这样的社群或者学习小组内，往往需要有一个或多个在某个行业内比较杰出、知名度比较高的老师来进行课程讲解。以“人力资源”课程产品为例，“Human Resources”意为人

力资源管理，稍微涉足过这个岗位的人都会知道人力资源管理以六大模块为基础开展日常工作。在人力资源这个圈子里同样会有相应的课程社群，六大模块中的每一个模块都有对应的擅长该模块的人群，社群运营人员可以通过这样的人群联系相应的老师进行授课，而这样的老师就是我们社群里的KOL（意见领袖）。老师在讲课结束后会针对当天课程布置作业或者课题让大家讨论，在讨论过程中老师也会挑选一部分问题进行回答，提高学员对课程的兴趣和知识输入。

比如我们搭建的社群体系针对的是薪酬绩效模块。薪酬绩效的内容包含了岗位薪酬体系搭建、公司或部门的绩效考核制度、员工激励制度及其他各方面的考核机制。学员在完成当天课程学习后，社群运营人员可以通过学员当天任务的完成情况，进一步筛选现阶段知识需求或储备量比较高的学员，为最后一步产品推广和变现做准备。当然课程产品的推广肯定跟这个圈子的垂直度有关，该类型产品的方向主要为“两大一小”。第一“大”为层面更加深入的知识付费课程。这一类型的产品课程主要是通过更深维度地去剖析问题，让付费用户有更明确的知识输入。第二“大”不单是针对这个社群，更多的是针对这个圈子内产品的软件应用类型。不过根据这个产品的特性来说，愿意为这种产品付费的人数较少，这类型的产品一般是针对大型公司总监级别的人群，对于中小型公司或者本身职级和这方面知识储备量没有达到这一层次的人群，基本上作用为零。而最后一个“小”，就是为了弥补第二大类被分割的人群去开展的。这一类型产品一般是学习资料、实战案例、应用表格等一系列文件类型的产品。这类型的产品对中小企业里需要学习的HR，或者对人力资源管理师三级、二级等资格证书备考的人较为实用，其面向的学员或者付费客户往往都是以这两种类型的人群为主。社群运营人员根据用户心态和对付费用户的实用性进行推广，这对于刚接触社群运营的宝妈来说往往可以取得比较好的变现效果。

副业已成刚需，好产品变现的选择

近年来互联网电商的崛起，对实体行业造成了巨大的冲击。实体商家在原有基础上纷纷往线上转型，通过合作和代理等方式进行商品的售卖。依托信息时代互联网的快速发展，最为常见和直接有效的代理方式就是每天活跃在我们朋友圈内的微商。

大家都知道微商的发展，从2005年开始崛起，到2010年走向巅峰，目前开始衰落。能够成功变现的人群，不外乎以下两类：第一类是从刚开始有这方面发展就加入这个行列，并且一直到现在依然掌握着一大批精准客户资源的人群；第二类则是利用自身代理产品的优势，即使加入时间短，也能快速掌握部分精准客户资源的人群。一些人可能在没有了解到市场前景、定位人群和产品安全性的前提下就加入了这一行业，那么，即使产品行业背景和优势都非常强大，也很容易造成潜在精准客户的流失，到后面需要进行产品推销的时候，就会出现事倍功半的情况。那么如何了解产品的市场前景和安全性呢？这就需要了解两点，即“刚需”和“次刚需”。为什么需要弄明白这两点呢？因为产品的定位对做好人群消费定位和之后的渠道复盘起到至关重要的作用。

我们需要明确的一点是：什么是“刚需”产品？顾名思义，“刚需”是指人们日常生活中必不可少。一般这种类型的产品我们都定位在快消品行列，大家有没有想过为什么快消品更能达到“刚需”的要求呢？要想弄清楚“刚需”的定义，这里我们需要提到产品定位人群。以母婴产品为例，随着现代人对生活质量的追求和认知的提升，对母婴产品的关注度越来越高，母婴产品已成为很多人生活中不可或缺的一部分。对于上班族而言，尤其是已婚已育的人群，选择副业的过程中，母婴产品销售成了广受追捧的热门副业之一。因为对于已婚已育的上班族群体而言，除了本职工作以外，他们会将更多的时间和精力放在自己的下一代身上，在照顾孩子的过程中，经历过新生儿降生时选择产品的手忙脚乱阶段，以及后来选购母婴产品得心应手的阶段。在这期间所积累的经验心得，对于产品选择和渠道销售很有帮助。而在这期间通过与长辈或者身边处于同一人生阶段的朋友进行交流，可以清晰地了解到市场的发展走向。

相比于以上“刚需”人群，从事“次刚需”产品副业的上班族，在产品的选择上需要考虑的地方更多。一般什么类型的产品，我们会打上“次刚需”的标签呢？我们以买房、买车为例，对于现阶段有能力购买房、车的人群，因为房子和车子并非在短时间内能够进行二次消费的产品，甚至在三年、五年或者更长的一段时间内都不会再有二次购买的需要，那么就可以反映出这一类型的产品并不符合刚需的要求，所以只能定义为“次刚需”产品。那么在“次刚需”产品的选择上，我们可以通过以下几点进行挑选。第一，对产品市场价值和前景进行评估；第二，调研同类型消费人群对该产品的认可度；第三，了解品牌过往所有的正面和负面信息以及产品安全性，有条件的话，最好对产品生产流水线等进行实地考察。

综上，上班族在选择副业时，需要做好相关资料的前期收集工作，使自己的副业变现之路达到更加理想的效果。

3. MCN——多频道网络

我们要知道，如今自媒体市场上大部分的流量份额已被头部占据，流量获取的成本逐步攀高，这也就意味着自媒体个体难以凭借自身的力量占据市场的一席之地，MCN机构就是为拯救自媒体个体从业者而诞生的。

那什么是MCN机构呢？MCN即Multi-Channel Network，也就是“多频道网络”，MCN机构作为资源的拥有者，可以为内容创作者提供产品资金、推广、管理、变现和拓展等多方面的帮助。我们可以把内容创作者理解为艺人，把MCN机构理解为经纪人，经纪人负责推广艺人生产的作品，这样我们就可以把MCN理解成利用自身资源帮助内容创作者对其内容进行运作的角色，而这对于内容创作者来说，意味着能获得更多的流量和资源扶持，所制作的内容会被更多人看到，让更多的人喜欢，自身的商业价值也会得到大幅提高。

第三章

自媒体创作的第一步

很多人可能经常会阅读知乎、今日头条、公众号上的文章，但是自己却没想过注册一个账号，创建自己的自媒体品牌。本章将重点介绍几个自媒体平台的注册发文流程，带你开启自媒体之路。

1. 知乎注册、发文流程

知乎，现在已经有了几亿的用户，吸引了大量的创作者加入，你想成为其中一员吗？你希望通过知乎平台展现自己的优势、发挥自己的长处吗？你想通过知乎找到志同道合的网友吗？来，跟着我的步骤，加入知乎，成为它的一员吧，让它来宣传你的个性，打造你独特的品牌吧。

当然了，要想有回报，总得先付出。首先，你得斥资买部智能手机或者电脑。鉴于电脑屏幕比较大，看得比较清楚，咱们暂且以电脑为例进行讲解。

知乎注册

要想加入知乎的创作大平台，你首先得有一个知乎账号，打开任意一个浏览器，搜索“知乎”，看到带有蓝底“官方”标签的结果了吗？不要犹豫，就是它，点进去！

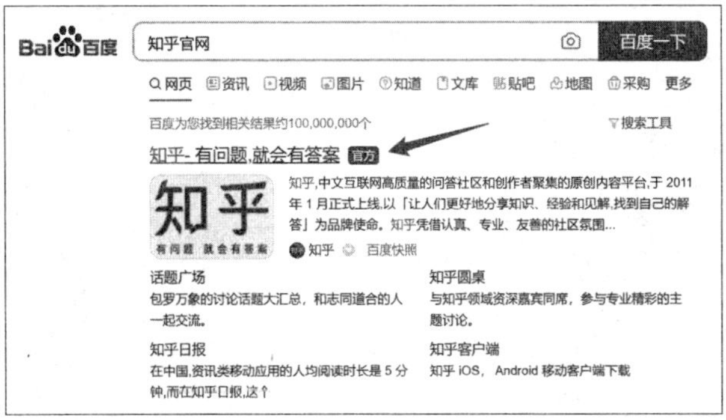

你也可以直接在地址栏里输入https://www.zhihu.com，点击回车键。然后，你就可以跳转到知乎首页了。

此时，知乎给你提供了两种注册登录的方式：免密码登录、密码登录。免密码登录不需要密码，只需要输入你的手机号，点击“获取短信验证码”，打开你的手机短信，找到知乎发送的短信验证码并输入（经过我的反复测试发现，短信验证码的有效期为10分钟，并且60秒后可以重发），点击“注册/登录”，即可成功进入“设置用户名和密码”页面。

然后，设置你的专属用户名及密码（保护好你的密码），点击“进入知乎”，这个时候，你就已经拥有一个知乎账号了。以后，你就可以以“手机号+短信验证码”或者“手机号+密码”的方式登录了。

当然了，如果你拥有邮箱账号，也是可以利用邮箱账号注册登录的。

如果你有QQ账号、微信账号、微博账号，那注册登录就变得简单了，你可以选择任意一种社交账号进行授权登录。

点击“QQ”，跳到QQ授权页面，点击QQ头像授权登录，或者拿出你的手机，找到QQ手机版扫描二维码。

▲ QQ登录

微信登录：拿出你的手机，打开微信，点击“发现”中的“扫一扫”，扫描二维码，在手机上点击“同意”，就算登录成功了。

▲ 微信扫码登录

如果你有微博账号，并且记得账号和密码的话，也很简单，正确输入相关信息，点击“登录”即可成功登录知乎。

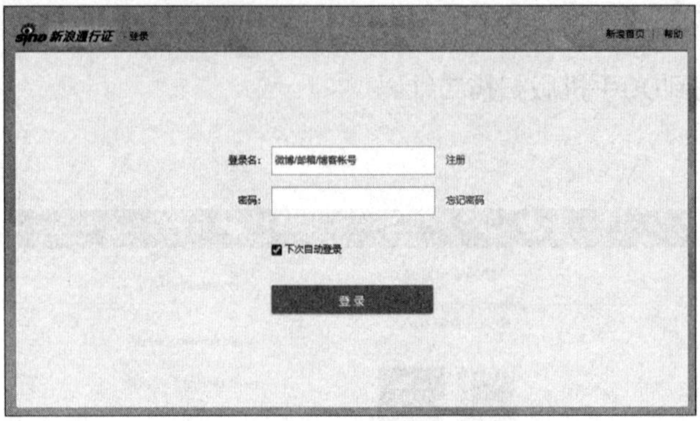

▲ 微博登录

最后，恭喜你，已经完成知乎账号的注册流程，成为知乎的一员。

知乎发文

有了知乎账号，除了浏览文章、访问专栏之外，是不是也可以开始你的知乎创作之路了呢？进入首页，点击屏幕右侧“写文章”，进入文章编辑页面。

▲ 知乎首页

简单来说，文章编辑页面分为题图区（可上传图片）、标题区、样式编辑区和正文区。

▲ 文章编辑页面

根据你的喜好，题图区可设置题图，也可以不设置。在编辑正文时，如果你要对正文进行美化，比如将字体加粗、采用斜体字等，那么就可以使用样式编辑区的各种功能了。当然了，还有一个小秘密，看到页面上方的草稿已保存了吗？在编辑的过程中，文章会自动保存为草稿，所以不用担心忘记保存。

那么，问题来了，到哪儿查看草稿呢？答案是首页→草稿箱，可以点击此处来查看草稿内容，包括回答草稿、文章草稿、视频草稿。

▲ 草稿箱

新手在文章编辑完毕后，总有点担心文章写得不好，想让人提提意见。不用担心，知乎替你想到了，选择页面顶部的“邀请预览”功能，你可以邀请专栏编辑或好友来预览这篇草稿，他们可通过草稿评论给出意见。

文章编辑完毕后，如果你觉得这篇文章已经很完美了，无须更改，已经具备发布的条件了，可点击“发布”。知乎考虑到方便文章分类，为了让 对相关话题感兴趣的读者发现，提供了一个绑定话题功能。

绑定话题后，点击“下一步”，会弹出“邀请你开通专栏”的弹框页面，你此时可以选择“立即开通”或“暂不开通”，或者选择关闭弹框。任意选择之后，祝贺你，你的第一篇知乎文章成功发布了。

当然了，为了鼓励你坚持创作，当你的第一篇文章发布之后，系统就会邀请你入驻创作者中心，不要犹豫，点击“立即入驻”，即成为知乎创作者中心的一员。

▲ 入驻邀请

然后，你就可以一路“打怪升级”，不断提升自己的等级，开通更多的权益。当前知乎的创作者等级成长体系为Lv1~Lv10，不同等级可以享受不同权益，如果你想开通赞赏功能，就必须达到五级以上才可以。多多创作，以后，10级王者就是你。

▲ 权益中心

如何查看自己的文章呢？点击头像→我的主页→文章的标签页，即可查看自己所发布的文章。同时，此页面会提供一些统计信息，包括“昨日被阅读数”“昨日被点赞数”以及与前日对比数据等。

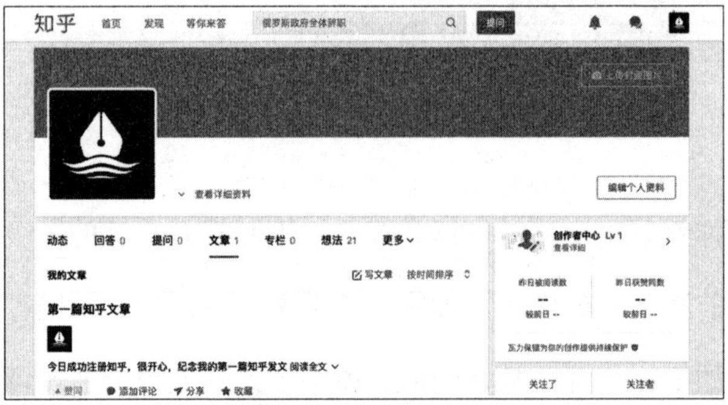

2. 微信公众号注册、发文流程

毫不夸张地说，在这十几年中，很多人都是在微信的陪伴下度过的。我们通过微信和亲朋好友谈天说地，通过微信朋友圈看花、看草、看世界，通过微信公众号看新闻、学知识等。那么，问题来了，看着别人通过公众号发文，表达观点，创建个人品牌，对外展现自己独特的魅力，看着这个平台上有那么多优秀的文章，你是不是心动了呢？来，我们一起来创建一个属于自己的微信公众号吧！

微信公众号注册

首先你需要提前准备：一台电脑、一部智能手机、一个邮箱和一个绑定了银行卡的微信号。

打开任意浏览器，在搜索框里输入“微信公众号”，然后看到带有蓝底“官方”标签的“微信公众号平台”链接了吗？但凡带有“官方”标签的，都是经过认证的，都是可以放心点击的。

如果你记忆力超群、过目不忘，很好，记住这个链接地址https://

mp.weixin.qq.com，输入到浏览器的地址框中，之后按回车键。

打开“微信公众平台”页面后，点击页面右上角的“立即注册”。

在正式注册之前，需要选择注册的账号类型。对个人来说，选择“订阅号”即可，组织或企业根据需要选择“服务号”。

下一步会进入基本信息录入的页面，这个时候，邮箱的作用就凸显出来了。

输入你的邮箱，点击“激活邮箱”。

登录你的邮箱账号，找到微信团队发给你的一封主题为“激活你的微信公众平台账号”的邮件，找到6位邮箱验证码，记住或者复制。邮箱验证码的有效期是30分钟，所以你点击“激活邮箱”后，一定要在规定的时间内，完成下面一系列操作：登录邮箱账号→找到主题为“激活你的微信公众平台账号”的邮件→记住或复制邮箱验证码→返回待激活页面→输入或粘贴邮箱验证码。这时，回到了初始注册页面，即可设定你的密码了，密码设定原则：自己记得住，别人猜不到。勾选“我同意并遵守《微信公众平台服务协议》”，这个协议需要你认真阅读，其中规定的用户行为规范是一定要遵守的，然后点击“注册”。

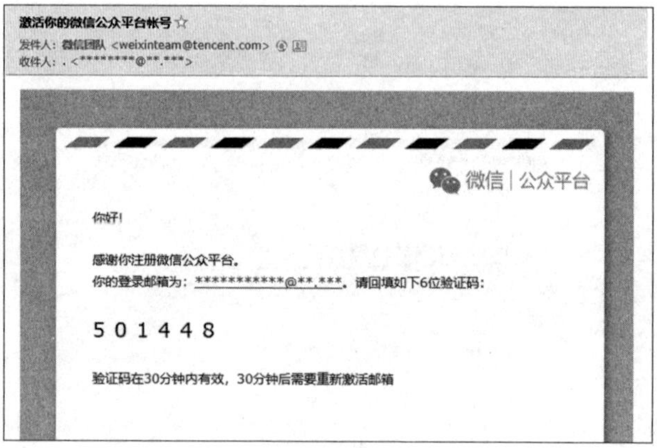

选择注册地，选择后，点击“确定”。

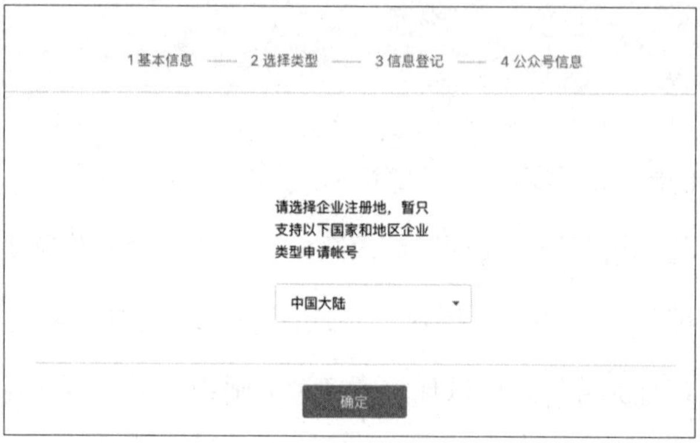

再次选择账号类型，因为注册的是个人公众号，所以选择订阅号下面的“选择并继续”即可。

然后，就到了公众号登记信息页，在这里，手机、身份证、微信号就可以派上用场了。第一步，选择主体类型为“个人”，输入姓名、身份证号码；第二步，拿出手机，打开微信，找到“发现”→“扫一扫”功能（为了验证身份，请用绑定了管理员本人银行卡的微信扫描二维码。注册后，扫码的微信号将成为该账号的管理员微信号）；第三步，输入管理员手机号和短信验证码，点击“继续”，核对信息。

输入微信公众号名称等相关信息，并提交成功后，你就成功拥有一个属于自己的微信公众号了。

最后需要注意的是，一定要定期登录，微信公众号如果长时间不登录，就会被冻结。当然了，在冻结之前，微信团队会很友好地提示你，如果要继续使用该账号，需要在指定日期前登录。

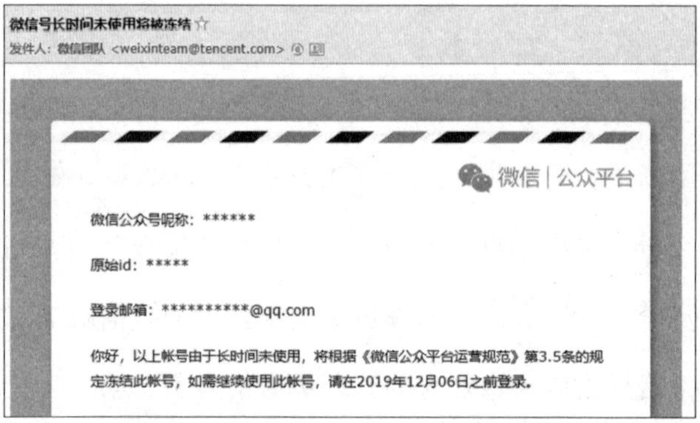

如果你因为太忙未在指定时间内登录，那么很遗憾，你的账号就会被冻结。

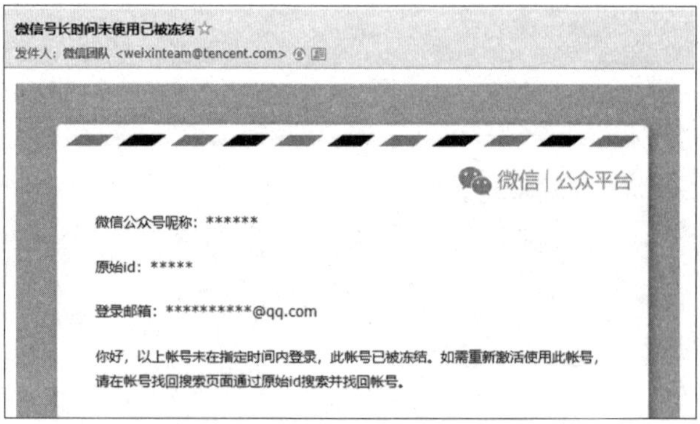

总之，账号来之不易，且行且“使用”吧。

微信公众号发文

在成功拥有了自己的微信公众号并登录后，你就可以看到功能菜单了，如赞赏管理、自动回复、统计等，是不是很心动？后续你可以仔细研究这些功能，现在跟着我们开始你的创作之路吧。

第一步，访问微信公众平台→首页→素材管理页面，点击“新建图文素材”。

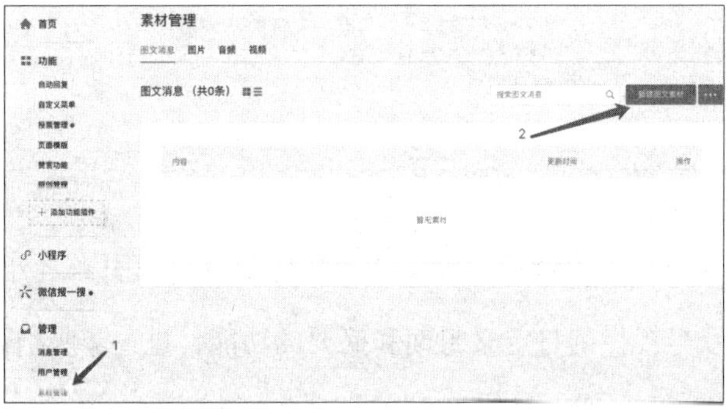

第二步，跳转到图文创作页面，输入标题、作者信息之后，就可以进入正文的编写了。标题是读者对你的文章的第一印象，所以文章标题一定要仔细斟酌，要有足够的吸引力。

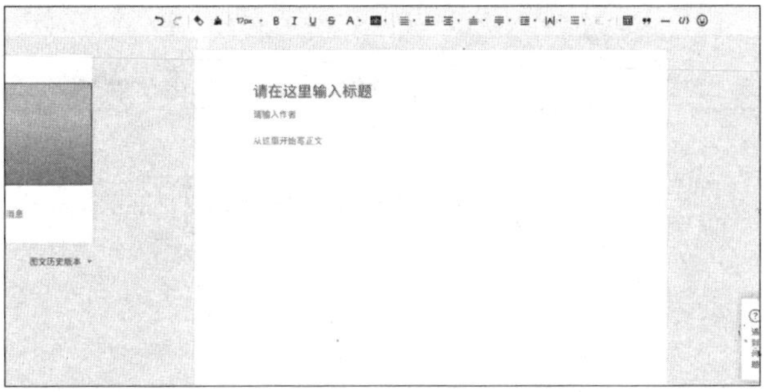

如果你想插入图片、音频等信息，需要提前准备好相关素材，然后点击页面顶端的“图片”“视频”“音频”选项，就可以在指定的地方插入这些内容了。

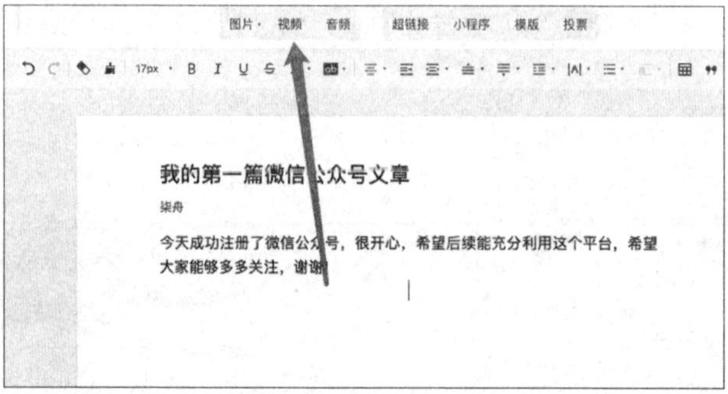

为了使文章更吸引读者，除了文章标题要具有吸引力之外，还要充分利用微信公众号提供的自定义封面和摘要的功能，进一步吸引读者。

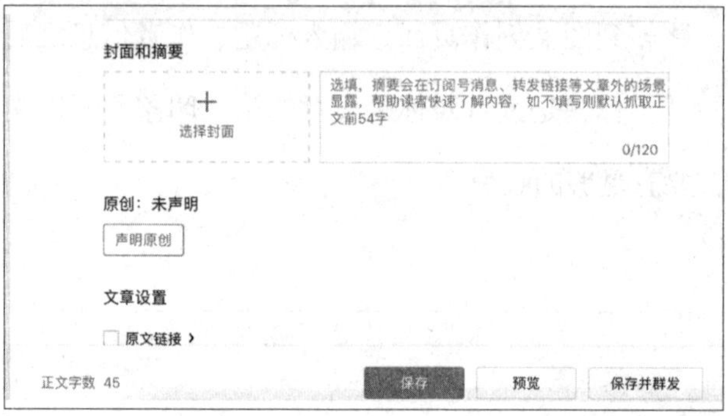

先来说说封面，选择封面时，可以从正文和图片库中选择。

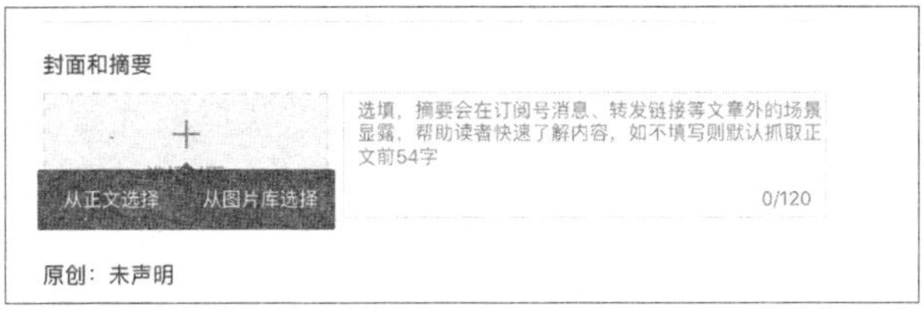

“从正文选择”很简单，就是选择正文里已经添加的图片，裁切至合适大小即可，这里就不再多说了。你也可以从图片库中选择。顾名思义，图片库，也就是图片仓库，你使用的所有图片都会默认放在图片库里面。另外，你也可以通过“上传文件”将图片上传到图片库中。

选择好图片后，点击“下一步”，对封面图片进行指定比例的裁切，点击“完成”，即可成功添加封面图片。

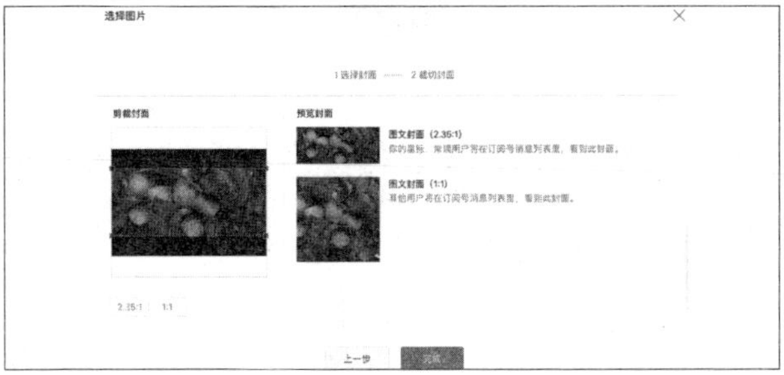

说完了封面，现在咱们来说说摘要。一般来说，建议你提炼出文章的

精华作为摘要，这可以帮助读者快速了解内容，引发读者阅读文章的兴趣。当然了，你不填写也可以，在发文前系统会默认抓取文章的前 54 个字作为摘要，这就要求文章开头一定要写得精彩。

还有一项最重要的事要交代：声明原创。如果你的文章是原创的，就一定要声明原创。当然了，声明原创是有前提条件的，满足以下任一条件即可发起原创声明：①文章字数大于 300 字，且自己创作的内容大于引用内容；②文章字数小于 300 字，无视频，且图片（包括封面图）均为你已成功声明原创的图片。

特殊说明：上述要求中，文章字数不包含标点符号和空格。

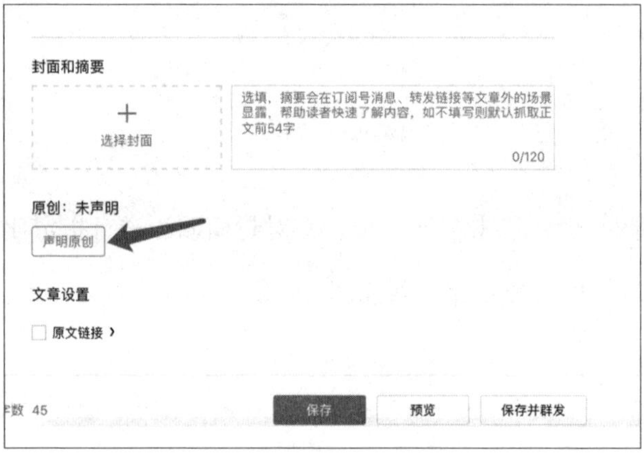

仔细阅读声明须知，勾选“我已阅读并同意遵守《微信公众平台原创声明及相关功能使用协议》《微信公众平台赞赏功能使用协议》”后，点击下一步。

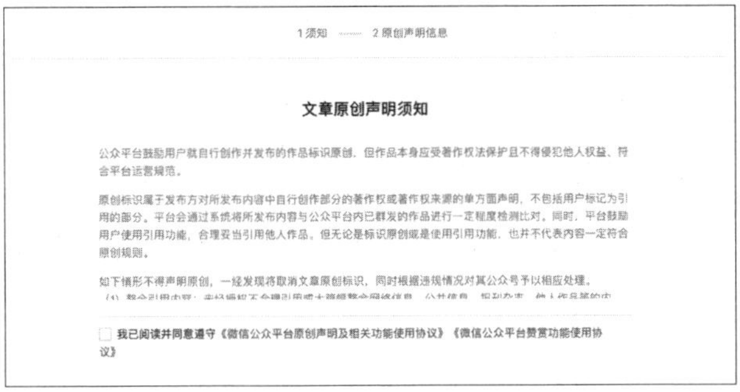

在声明原创页面，确认作者信息，选择文章类别，点击“确认”即可。

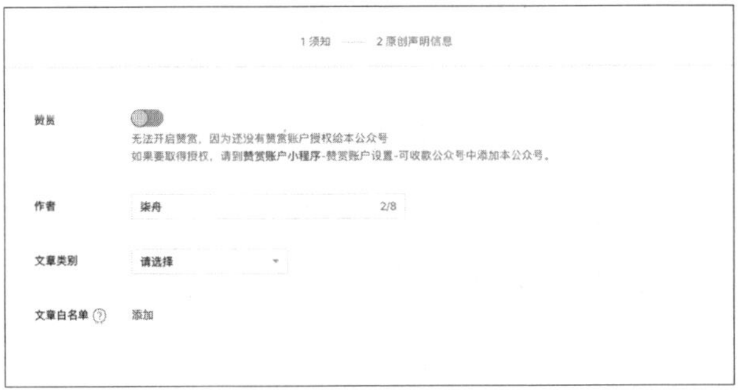

当然了，如果你认为声明中有需要修改的地方，可以在图文创作页面进行修改或者撤销。

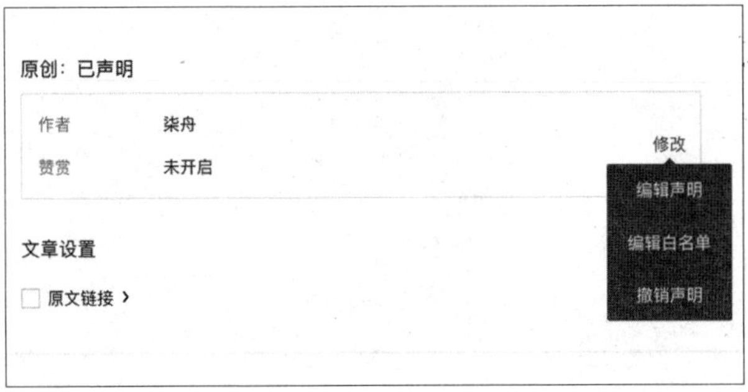

完成以上所有操作之后，在图文创作页面，点击“保存并群发”，就会跳转到群发设置页面。选择需要群发的图文素材（一般是你正在编辑的图文素材，也可删除重新选择需要群发的信息），设置群发对象、性别、地区等信息，点击“群发”即可。至此，你的第一篇文章就创作完成了。

3. 今日头条注册、发文流程

今日头条对创作者的扶持力度很大，因此，今日头条是自媒体创作者特别想要拥有一方阵地的平台。现在我们来介绍今日头条自媒体账号的注册与发文流程。

今日头条注册

正常情况下在浏览器中输入“今日头条”并点击搜索就可以了，带有“官方”二字的就是今日头条的官网入口。

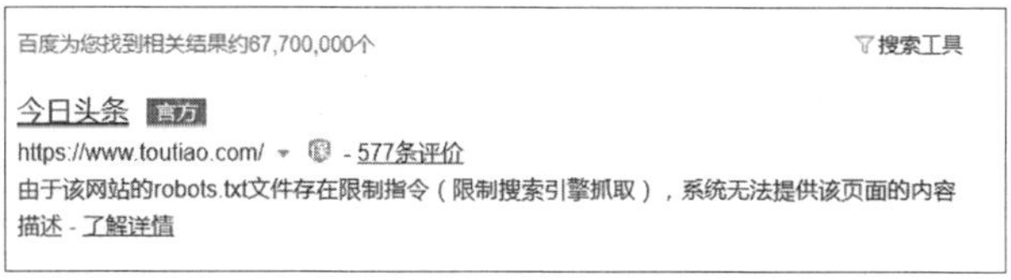

点击“立即注册”按钮，就可以正式开始注册今日头条自媒体账号了。

输入手机号，点击“获取验证码”，输入验证码，勾选“我已阅读并同意用户协议和隐私政策”的选择框，点击“注册”按钮。

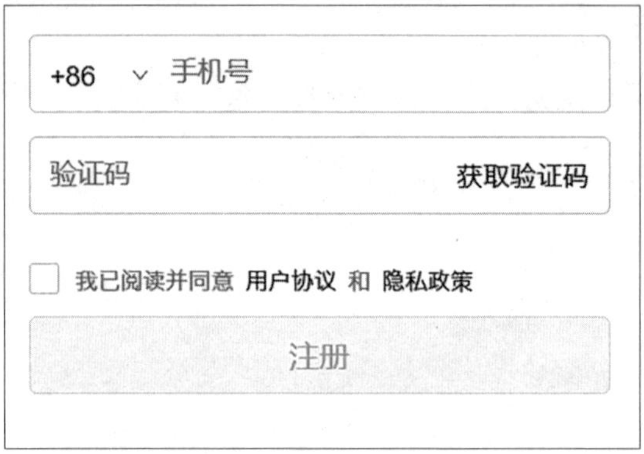

今日头条提供了两种主体类型：个人和机构。一般情况下自媒体账号注册时选择“个人”，当然了，如果你代表的是一个机构，那也可以选择“机构”。

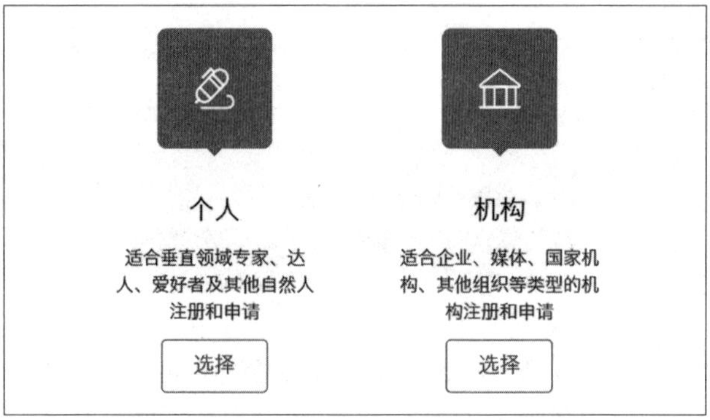

①在填写账号名称之前，一定要先确定好自己的领域。如果你选择的是历史领域，就可以将账号名称写成如“×××说历史”；如果你选择的是娱乐领域，就可以填入“×××说娱乐”。账号介绍也要相对应，这样可以让系统识别出优质作者。账号名称包括2~10个字，不可使用特殊符号或有明显营销推广意图的媒体名。

②上传账号头像，头像要求清晰、健康、代表品牌形象，不可使用二维码。

③账号介绍可以写个人经历、擅长领域或者介绍你的创作内容、创作方向、更新频率，例如“××历史讲解”。

使用今日头条时，创作者必须要经过身份认证才能发文，这时需要先在手机App上登录账号，然后进入“我的”页面，根据系统提示完成认证，在此期间需要用到身份证，切记要提前备好，随后按系统提示完成认证即可。

经过以上步骤之后，就完成了今日头条自媒体账号的注册流程，你可以随时进入发文、发微头条的阶段了。

今日头条发文

在今日头条客户端“我的”界面点击“作品管理”，就可以进入内容发布页面，非常方便，可以实现随时随地快速发文。

在今日头条网站，进入头条号，点击发头条的功能菜单，就可以进入内容编辑页面，页面上方提供了样式编辑功能。

通常，文章编辑完以后，可以先进行一下预览。文章尾部有封面图的选项，可以选择单图、三图或无图（封面图是在写的文章中选取的，因此要确保文章中有图片），还有一个是否投放广告的选项，勾选投放选项就会有收益了。最后点击发布就可以了（新认证的账号会有一个新手期，每天只可发布一篇文章）。

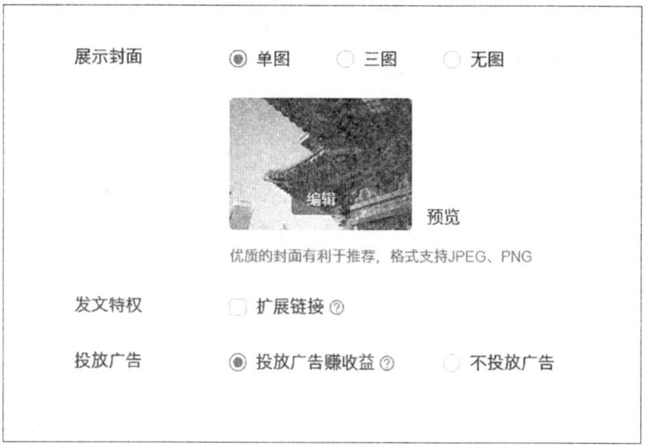

4. 其他自媒体平台注册、发文流程

除了上文介绍的知乎、微信公众号、今日头条之外，还有其他很多的自媒体平台，比如百家号、大鱼号、搜狐号和简书等。每个自媒体平台都有自己的优势和特色，你可以根据自己的需要来选择。本节将简单介绍大鱼号的注册和发文流程，以使大家对该自媒体平台有个大致的了解。

大鱼号注册

在浏览器中搜索“大鱼号”，带有“官方”标志的即官网入口，可由此进入大鱼号账号登录页。

在此页面输入用户名、手机号，设置登录密码，输入获取的短信验证码，同意注册协议，点击“登录”。

大鱼号同样提供了多种选择方式，一般媒体选择个人或自媒体。如果有邀请码，则点击邀请码入驻；否则，请点击普通入驻。

下一步就是填写入驻资料了。根据页面提示及引导，认真填写每项信息。在填写完所有资料之后，勾选同意协议并点击“提交审核”，此时就完成了注册的基本流程，这时大鱼号处于“审核中”的状态，审核时间一般在3个工作日内，静静等待短信通知即可。

基本信息
* 账号头像
要求清晰、健康、代表品牌形象，不可带有水印或者二维码，图片大小最大2M
* 账号名称
给自己的大鱼号起个名字
0/15
2-15个字，请勿使用含特殊符号或含有明显营销推广意图的媒体名。详见《账号基本信息审核规范》
* 简介
简单介绍一下自己吧
0/25
1-25个字，介绍您的账号内容风格和特色，简介将展示在UC浏览器的账号主页，请勿添加任何含营销意图的信息
* 领域
请选择您的创作领域
证明材料
上传资料
若您名称或简介中含有职业专业等信息，请上传相关执业证书以作证明，提高通过率，详见《大鱼号入驻-相关证明材料》；数量不得超过5张
联系信息
* 联系手机
请填写联系手机号码
请填写本人常用手机号，仅用于接收平台发出的短信通知
* 验证码
请填写验证码
发送验证码
联系邮箱
选填，联系邮箱
实名认证
* 实名认证
立即认证
主体信息是大鱼号平台登记的法律责任方和资产归属方。
如需帮助查看《实名认证操作指引》
我同意并遵守《大鱼号平台服务协议》与《隐私权政策》
上一步
提交

大鱼号发文

大鱼号的发文流程和其他自媒体类似，在此不做赘述，成功拥有一个大鱼号之后，只要持续创作，就会解锁更多的功能。

自媒体新人不管在哪个自媒体平台上创作，都需要先了解平台的运营规则以及要求，了解平台的相关机制，针对不同平台的定位以及受众进行创作。比如同一篇文章，在微信公众号和今日头条上的阅读量肯定会有很大的区别。只有经过日常的经验积累，大家才会对各大自媒体平台有一个清晰的认识，才能在各大自媒体平台上操作得游刃有余。

第四章

自媒体创业蓝图

你也许会觉得做自媒体、搞文字创作的门槛很高，想通过写作赚钱，却总无从下手，于是一拖再拖，就这样一年年过去了；自媒体平台太多，规则繁杂，“升级打怪”之路太漫长，根本没有时间和精力去研究每个平台的规则和玩法；一个人横冲直撞，总找不到方向。看别人做公众号、写头条，轻松实现月入过万，可自己却始终站在门外……

其实，自媒体创业并不难，只要找对方法，很快就能上手，随时随地创业，轻松实现月入过万。在我的写作培训营里，我曾辅导过不少大学生，甚至高中生，经过正确训练后，他们从之前从没写过一篇完整的文章，到现在很多人已经在头条、知乎等平台成为大V，迅速变现，实现收入过万。

做自媒体，找对方法很重要，时间就是金钱，用正确的方法才能在最短的时间内实现你的梦想。

1. 起个好网名，迈出成功的第一步

名字，是使我们快速记住一个人的重要符号，是打造个人品牌的第一步，也是最关键的一步。如果你已决心将自媒体作为自己的终身事业，那么，名字就是你的品牌，是伴随你一生的财富。

你辛苦耕耘的个人品牌，就像你培养的孩子一样。如果你想让更多的人认识它、记住它、传播它，起一个让人印象深刻的名字是第一步。

好了，下面我们来具体说说怎么起名字。先说说“柒舟”这个名字的含义和由来，之前也有很多粉丝问过我这个问题，还有不少粉丝一直以为柒舟是个大叔（我内心确实住着一个大叔）。柒舟不是我的真实姓名，而

是我的笔名。柒，其实就是“七”的大写，用“七”是因为它是我的幸运数字，我在起笔名时就想，名字中一定要包含“七”，所以用了“柒”；“舟”就是船的意思，我希望能做一艘船，去帮助职场里的每个人乘风破浪，载着每个人驶向成功的彼岸。“舟”也有帮助、庇护的美好寓意，正如“诺亚方舟”一样，我希望能在竞争激烈的职场中，为大家提供栖息的小船，为大家提供心灵的庇护，这也是“柒舟”这个名字的日标和愿景。

下面，我们来说说起品牌名的原则和公式。无论是起笔名，还是起公众号、今日头条、微博等的名称，方法都是相通的，我统一讲解。先来讲讲如何起品牌名称，比如公众号名称。

好名字的四大特点

一个好名字一定要做到降低传播成本，有以下四个特点。

（1）简单易记

名字最重要的就是能被人记住，即使第一次见到时没被关注，只要第二次见到时还有印象，被关注的概率就会提高。所以，名字要简单好记，朗朗上口。

（2）易于理解

如果读者一看你的名字能瞬间判断出你提供的内容是不是自己需要的，那么这会大大提高你被关注的可能性。

（3）便于查找

这主要针对公众号或今日头条的起名，是为了方便用户找到你，跟你建立连接。比如用户突然想了解某领域的知识，一定会第一时间搜该领域的关键词，这种情况下，由个人品牌与领域、运营方向以及功能构成的名字就会略胜一筹。

（4）便于传播推广

名称中应避免使用生僻字、特殊符号，以便传播，试想当读者与朋友见面聊天时，想要推荐你的自媒体账号，如果你的名字中有生僻字，读者又不知道读音，那就很尴尬了。

起名要规避的“四大坑”

（1）避免生僻字

使用生僻字，既不方便读者读、写、理解，也会让读者感受到一种距离感，同时，还不利于传播。别人不知道怎么读，也不方便输入，这样的名字，读者想搜索都搜不出来。

（2）避免复杂中英文、繁体字混排

若是搜索你的名字时，需要不停切换中英文和大小写输入方式，会让相当一部分读者丧失耐心。使用繁体字也是同样的道理，读者需要在手机上翻好久才能找到那个字，多半在搜索过程中就放弃了。

（3）避免过长的名字

名字要尽可能简洁、朗朗上口，才有利于读者记忆和传播，冗长又啰嗦的名字，即使搜到了，又有几个人会选择关注呢？

（4）避免名字和内容无关

名字与内容无关会显得非常不专业，也不容易被读者搜索关注。

总之，在决定起名字之前，要反复确认这个名字是否能很好地传达你的内容运营理念、调性等，要尽力跳出“自嗨”的立场，尝试从读者的角度去看这样的名字是否有吸引力等。最好多准备几个备选方案，以防名字被占用。

即学即用的起名公式

（1）直接用你的姓名

如果你已小有名气，姓名自带流量，可以直接使用姓名作为品牌名。这么做的优点是有利于打造个人品牌，再搭配一个合适的头像，很容易让读者快速加深对你的整体印象，适合部分做成长类及观点类内容的品牌。缺点是，个人知名度不高时，读者很难第一时间判断这个品牌是做什么的。

（2）姓氏+特征

姓氏+性格特征或个人特质，这种起名方式可以增加亲切感与信任感。如“罗胖”：姓氏+特征；“罗辑思维”：姓氏+领域。

（3）名字+内容或者行业

这是最简单的起名方式，这种方式的好处是，读者不仅可以知道你是谁，还可以知道你的自媒体号做什么内容。比如我的公众号和视频号都是针对职场白领的，公众号名称即“柒舟白领指南”，视频号名称为“柒舟白领生活”，白领这类受众群体一看到我的名字，就知道我是做什么内容的，一目了然，方便对方关注和收藏。

（4）个人品牌或姓氏+内容领域

这是最常见、最好用的起名方式，既能显示个人品牌形象，又能利用所在领域的关键词，让读者一眼就能明白自媒体账号的调性和内容，增加读者搜索相关内容时自媒体账号被看到的概率，自媒体账号的每次曝光都意味着一次被关注的机会。

我的几个公众号就采用的是这种起名方式："柒舟白领指南""柒舟读书"。如果不想名称过长，可以只用品牌，但不要只有领域，因为品牌是需要你持续经营的。

"柒舟白领指南"，一看就是针对"白领""职场"的，那么，对于这类读者，只要内容有价值，他们就会果断关注。再搭配一个优质头像，更会给人以专业的感觉，增加内容的可信度，更容易得到读者的关注。

专注于某个方向的头条号，切忌在起了该方向的名字后，却写很多跟这个领域无关的文章。比如我有一位学员的头条号名称是"历史大挖客"，但是他的内容却聚焦体育，他分析足球比赛分析得非常棒，经常获得各种奖项，但是涨粉却不多，这就是被名字拖累了。所以，如果个人品牌后面的关键词找得不好，效果就会大打折扣，比如最初我的头条号名称为"柒舟说"，柒舟后的关键字找得就不够准确，没有明确领域，比如改成"柒舟说写作""柒舟说职场"，这样就能更加聚焦。只有"说"，而没有相关领域，对于陌生读者来说，无疑增加了判断成本，可能会因此丧失一部分潜在粉丝。

也许有人会问，品牌名能不能直接用自己的真实姓名？肯定可以，如果你本身小有名气，可以直接用姓名。比如我很多朋友是产品经理，他们之前就在圈内经常给大家做培训，真实姓名已经有了一定的曝光度，那么，就可以直接用自己的姓名，自带流量。

如果你不想暴露过多的隐私，想留些私人空间和神秘感，比如有些朋友可能是边工作，边做自媒体，不想让公司同事知道；或者你觉得真实姓名有一定局限性，无法代表品牌，就可以起一个笔名，笔名自由度更大，能完全按你的偏好及品牌来设定。也可以参考某些自媒体的名字，为拉进与粉丝的距离，营造亲切感，起名为“×姐”“×叔”“×先生”等。

总之，无论你要持续写微博，还是做头条号或知乎，你的名字要让读者第一时间知道你的内容聚焦什么，看到你的名字就能判断是否符合他们的需求。也就是说，名字要能迅速抓住读者的核心痛点，即读者希望从你这里得到什么。

（5）大V的起名方式

大V的套路，就是个性化。如果你的内容足够优秀，不妨尝试一些另类的取名方法。比如“papi酱”，这种名字取法别具一格，且容易让人记住，但这种取法往往对内容的要求很高。如果你的内容足够优秀和特别，可以走这种套路，更容易形成自己的品牌。

这种方式的优点是可以尽情体现自己的特点、风格，容易引起读者的注意而产生关注，有特点更容易让人印象深刻，而且碰到重名的概率小。

这种方式的缺点是不能直接体现个人品牌、运营领域等信息，尤其在运营初期，你很难获得读者通过搜索关键词关注的机会，因此你将少了一个被关注的渠道。

（6）社群或读者属性

如果你自己本身在为特定的社群服务，比如你想把大家聚在一起做一些抱团自律活动，如每天学英语、早起、健身，可以起名为“×××陪伴”；或者事先想好读者的定位，那么可以采用此种命名方式，比如“我们爱写作”等，精准定位于某一特定的人群。

最后，还要注意以下两个关键点：第一，头像一定要选择高质量的图片，可以是肖像，也可以是精心设计的Logo；第二，名称要保持全网一致，这样才能不断增加品牌曝光率，不断强化品牌名称。比如我叫柒舟，那么，我在微信视频号、抖音、微信公众号、微博、知乎、小红书、豆瓣、简书，甚至大众点评、闲鱼、Keep等非自媒体平台上的账号名称都统一为“柒舟”，这样可以多渠道、全方位提高个人品牌曝光率。确定好笔名后，所有平台上的名称都要同步做修改，而很多平台对修改名称有严格限制，通常是每半年或一年只能修改一次，所以，一定要在确定好笔名后，再进行全网修改，这样才能随着时间的累积，不断强化你的品牌，形成复利效应。

品牌的树立是靠日积月累的，不是一蹴而就的，不要着急，更不要急功近利。你的内容要不断地给别人带来价值、分享价值，逐步树立好口碑，时间会不断地给你的品牌赋能，最后实现从量变到质变的转变。

2. 选择一个你擅长的垂类，坚持下去

现在，你已经正式开启了自媒体创业之路，那么问题来了：该如何选择一个适合自己的领域？很多自媒体新人不知道如何选领域，输出的内容不聚焦，东一榔头西一棒子，很难聚粉。下面就跟大家聊聊如何选择你的自媒体领域。

要想做好自媒体，你的品牌领域一定得垂直，不能太宽泛、太零散。从读者的角度看，他们也不会信任一个什么都涉猎，但什么都不精深的“万金油”。每个人的精力有限，你需要找准一个领域持续学习，才能成为那个领域的专家。

如果长期做品牌塑造的话，就选自己擅长的或者感兴趣的领域，兴趣

是最好的老师。你喜欢这个领域，才会坚持；对这个领域有了解，才可以做价值输出；结合好自己的能力及资源，才可以形成品牌优势。例如可选择职场、育儿、书评、影评、情感咨询和心理学等领域，选择后一定要聚焦，并持续输出。之前有学员问我，关于领域，她既想写青春励志相关内容，又想写电影，犹豫不决，不知该如何取舍。那么，此时可以从确定品牌优势这方面出发来确定适合自己的品牌领域。

确定自己的品牌优势

确定优势的首要任务是要深入剖析自己，了解自己最擅长哪个领域，积累了哪些经验或方法。如果你很擅长电影领域，你去推荐电影，就可以持续吸引来对电影感兴趣的朋友；如果你是一位宝妈，在育儿方面很有心得，能持续给大家传授育儿经验，就能吸引新手妈妈向你请教问题。所以，选领域非常重要。选好领域后就要垂直输出，不要今天写职场，明天写育儿，后天写电影。从读者的角度，如果他想寻求专业的解决方案，会更信任只做一个垂直领域的专业人士的答案，会认为他更专业。

还要说明一点，很擅长某个领域，并不是说你现在就必须是那个领域的专家，而是说你对那个领域感兴趣，愿意在那个领域深耕。只要你花99%的精力在那个领域持续钻研，你就能成为那个领域的专家。

你可以一边不停地学习、输入，一边输出，用输出来倒逼输入。要想建立自己的品牌，你的内容价值很重要。你必须要把自己当作媒体人，你的文章一定要具有教科书一样的功能，以使读者通过看你的文章，获得一些知识或者受到一些启发，拓宽了思维格局等。

3. 持续输出是成功的关键

确定了某个领域后，你要问自己能否在这个领域持续输出，而不是写了几篇后，发现在这个领域没有东西可写了，就迅速地换成其他领域。选好领域后，一定要垂直去写，比如我写作的领域是职场心理学，那在这个领域我会持续输出我的专业知识和方法，帮助那些初入职场的人，解决他们的痛点和困惑。

对于前面那位在两个领域间犹豫不决的学员，我的建议是，如果你写青春题材的动机，只是想记录自己的大学时光，记录自己的小情绪、碎碎念，这是没有内容增量的。自媒体不是个人的日记本，除非你是明星，否则没有人会对一个普通人昨天吃了什么，今天失恋了这样的事感兴趣。而且，你大学毕业后是否还能持续输出也是一个问题，而推荐电影则是个可以持续输出的选择。

每个自媒体人要把自己当成一本教科书，一切选材要从读者出发，而不是以自我为中心，自我卖弄。一切输出的内容对于读者来说，一定要有价值、有营养。

做自媒体，这些坑一定要避免

我还想跟大家强调几点，在你开始做自媒体前一定要注意，这些坑一定要避免，不要急功近利：自媒体不是官媒，有关社会新闻类的严肃内容只有官媒才有资格写；不要刻意煽动读者情绪，造成不良的社会影响；不要标题党；不要内容低俗。

如何选择适合自己的内容形式?

选好领域后，就要在段子、文章、问答、图集、长视频、短视频及微视频等众多表现形式中选择一个，确定为主攻方向。其实，自媒体的表现形式大多就是：图片、文字、音频和视频。

除了创作能力，还要看是否拥有专业的设备，是否具有操作这些设备的能力以及处理素材的能力。不要试图尝试自己不擅长的领域和创作方式，先用自己最舒服的方式进入自媒体，尽可能多、尽可能快地了解行业最重要。

先做再优，做任何事都是这样。每个人的能力特点不同，要擅长发挥自己的优势，并不断强化、扩大。如果你特别擅长写段子、写故事，能用几百字就把一个故事描述得绘声绘色、跌宕起伏，那么，你适合写微头条、微博等短文；如果你很擅长回答问题，乐于分享自己的经验心得，回答问题时滔滔不绝、头头是道，并乐意学习新知识、解锁新技能，那么，知乎、悟空问答等都是不错的选择；如果你对各种新事物总有独到的观点，或者能够在某些专业领域持续深耕细作，写文章非常有逻辑、有条理，文字功底深厚，那么图文并茂的长文，尤其是观点文、干货文会很适合你；如果你的镜头表现力非常强，或者很喜欢随时随地用镜头记录身边的新鲜事并乐于分享，那么抖音、快手和B站等平台都是不错的选择。

总之，要找准自己的优势，持续做大做强，相信时间会给你最好的礼物。

第五章

一个自媒体人的自我修炼

各项准备到位后，我们就能开启自媒体内容的创作之路了。本章将通过对选题、标题、文章内容、文章结构和排版等进行重点讲解，帮新手完成一篇高质量的文章。

1. 如何从0到1写出一篇好文章?

对于新手，一定不要一上来就直接写文章，一定要先列提纲，明确这篇文章分为哪几部分，每个部分的关键是什么。逐渐写熟练了，在写文章时，脑海里就会形成提纲。做任何事，一定要先规划再行动。写文章也是一样，没提纲的文章，新手很容易写跑题，造成文章没有逻辑。

以观点文举例，观点文就是我们上学时写的议论文，分为论点、论据、论证三部分。观点文的基本模式是“总—分—总”，也就是“你的观点—证明—总结”，请牢记这个公式。当然，很多高手写文章遵循的模式看似比这个公式更复杂，但是，基本都是在这个公式基础上的演化。所以，大家写文章时可以牢记这个公式，以不变应万变。

写作流程主要分为以下几个步骤。

第一步：选题材。你的观点、题材选对了，这篇文章就不会差。你可以准备个选题库，随时记录你的灵感或想法。

第二步：列提纲。可以用幕布、XMind之类的工具列大纲，帮助自己建立文章逻辑。

第三步：找素材，写文章。丰富的素材能够提高文章的可读性和内容价值。

第四步：通读几遍，修改、简化，删除啰嗦的句子以及与主题不相符的段落。

最后，请多做练习，知道和能熟练运用中间隔着十万八千里。先不要在意自己写的文章的好坏，先写起来，然后不断优化、不断调整，相信你会有质的飞跃。在我带过的学员里，但凡坚持写作的，最后的提升效果都非常明显，不少已经发展为多个平台的签约作者或已经出版了书籍。

2. 题材选好了，文章就成功了一半

选题是写文章时最核心的地方，可表明文章的价值输出方向。一篇文章优质与否，主要在于选题的好坏。文章的选题，也就是论点，角度一定要独特，人尽皆知的道理无须浪费笔墨；切入点一定要独特，以使文章产生内容增量，能让读者读完有所收获。毫不夸张地说，只要选题好，文章就成功一半了。

那么，如何才能找到新颖又独特的选题？

第一，选题考验的是深度思考的能力。一定要让大脑保持活跃，持续思考，很多人宁愿用行动上的勤奋代替思维上的辛苦，这必然会导致其深度思考能力的下降。写文章并不是随心所欲的事，不要觉得不反思、不迭代，写作能力就能随时间自然提升。做任何事，思与行一定得相互作用，在二者的相互作用下才能达到预期的效果。

另外，平常可以试着做一些思维训练，这里有一个简单的技巧。当你面对一个热点时，不要急着下笔，你的第一反应是什么，大多数人的第一

反应也是这样的，那么这个观点就可以排除了，你要试着从这个观点的反面、侧面出发来思考，寻找新的切入点及角度。最后，通过不断分析、迭代，跟读者多沟通交流，找到新颖又独特的角度。

第二，多学习，多输入，才能持续发现优质内容。

之前我的写作学员问我："我是写电影推荐的，能不能跨界写点热点事件？"其实在我看来，这个并不算跨界，无论是从电影中抽取一个观点，还是从热点新闻、一本书或一部纪录片里获得灵感，写出来的都是同一类型的文章，即观点文。

电影、电视剧、纪录片、综艺节目、娱乐八卦及社会热点等，这些看起来虽然庞杂，但其实只是素材的载体不同。需注意的是，不要把观点和素材搞混了，在写文章时，不要只是用自己的语言把书籍或电影的内容又阐述了一遍，这种对自媒体文章来说是没有内容增量的，你需要体现出看问题的不同的视角或观点，给人以启发或者发人深省。

你的观点就是文章的核心。所以我强调，选题非常重要，选题不是说选素材，而是去抽取其中的观点。同一个热点，不同的人可以以不同的视角去看待。

观点文，就是通过一个逻辑脉络以各种素材来证明观点。就像上学时做证明题，观点就是要被证明的结果，写文章就是证明的过程。那么，在证明的过程中，需要有足够的论据。数据、专家分析、理论依据、看过的书籍或纪录片和名人名言等都可以作为论据。丰富多样的素材，不仅让文章更丰满有趣，也更有说服力，可以增加作品的权威性和读者对作者的信任感。

在写文章时，尽量不要过于相信个人的知识储备，如果不调研、不学习、不收集资料，仅依赖个人知识储备，很难输出高质量的内容。电影也罢，书也罢，甚至电视剧、纪录片，这些都是素材，并不是你文章的观点，这些素材是为证明你的论点服务的。

写文章时，在讲到某些观点的时候，还可以用你自己的经历和你身边朋友的故事来说明。讲故事是情感交流中一种非常好的方式，很多公众号就是靠讲故事这一能力成为大号的。这些以故事为主的文章都采用平行结构，采用一个又一个的小故事支撑观点，让文章生动有趣。如果全篇都是大道理，会有种说教感，很难引起读者情感上的共鸣。当然，讲故事要注意选材和占比，如果全篇只是将各种小故事毫无逻辑地堆砌，知识增量非常少，就是在浪费读者宝贵的时间。

3. 不会起标题？让这几个爆款标题公式来帮你

现代社会，信息爆炸，大多数读者会在几秒内通过标题判断该文章值不值得点开，标题吸引人，文章才能被更多人看到。

起标题的首要原则就是吸引人，比如你在分享一个方法、技巧，或推荐一本好书、一部电影时，可以在标题中体现使用这个方法、技巧能得到什么结果，或这本书、这部电影好在哪里，来吸引读者阅读你的文章。

这里分享一个爆款标题公式：问题+解决方法。这个公式的优点是，前半部分迅速吸引对标读者，后半部分给出解决方法，吸引读者点开文章，寻找答案。

注意，这里的“解决方法”不要直接说出具体方法，而是要以“三招告诉你”之类的话术来设置悬念，吸引读者点开。例如“我总是控制不住自己的情绪，怎么破？这三招告诉你”，这是我在今日头条上的一篇青云获奖文章，大家可以去拆解青云获奖文章的标题，向高手学习，取长补短。

另外，切记绝不要为博眼球而做“标题党”。要注意区别什么样的标题是吸引人、引人入胜的标题，什么样的标题是标题党。标题党，通常会刻意地去夸大事实，用一些很极端的词，诸如“全国第一”等。另外，淫秽、粗俗等内容绝不要出现，这无须赘言。总之，内容要积极向上，传递正能量。

有人会说，写的时候实在想不出来标题怎么办？起标题的能力是要通过一定时间去提升的。如果一开始不知道怎么起标题，可以随便写一个标题放在那儿，先去写文章，文章写好了以后再回去重新修改标题。一般建议多备几个标题，甚至十几个标题，因为标题非常重要。

大家千万不要小看标题的作用，很多人宁愿用好几天写文章，却懒得花十几分钟思考出一个好标题，总觉得起标题太浪费时间。我想说，如果你不愿意花十几分钟去思考出一个吸引人的标题，那么，你浪费的不是起标题的时间，而是你写一篇文章的几个小时，甚至几天的时间。因为，如果标题不够吸引人，就很可能根本不会有人打开看，那你这篇文章就相当于白写了。大家要学会分析数据，多复盘总结。今日头条平台还提供双标题的功能，支持一篇文章同时发两个标题，大家发出后可以通过不断观察、分析数据，找到好标题的感觉。

标题对文章的阅读量影响有多大？之前我有篇文章测试了机器推荐，

一个标题发完的几个小时后，修改标题再发，效果明显不一样。

老标题如下：

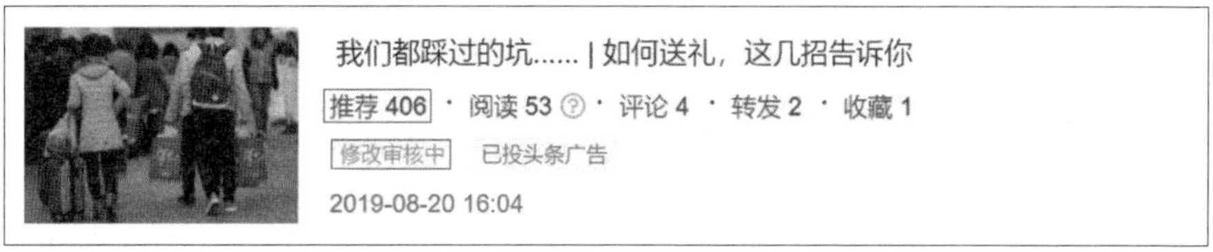

采用第一个标题，推荐量只有四百多，于是在发文两三个小时后，我决定改标题。

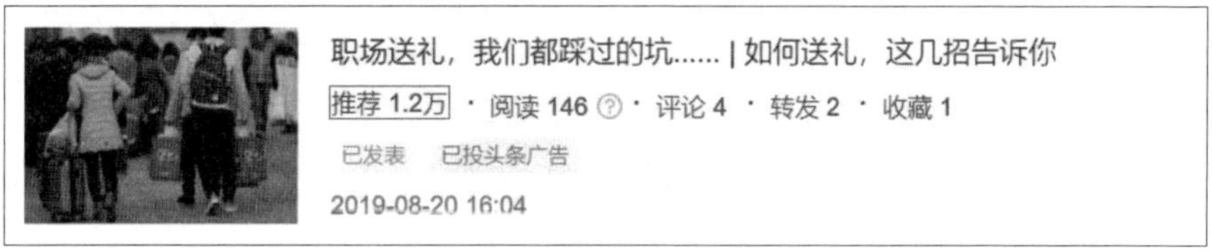

改后一小时，推荐量迅速从四百多飙升到一万二。

为什么差别这么大？

以下是第一个标题中，机器分析出的关键词，可以看出连“职场”领域都没有，而我的文章的内容主要是职场干货，由此可见标题对文章阅读量的影响之大。

人生第一份工作 / 服装 / 农村 / 红酒 / 政治

公众号系统内，阅读量很大程度上取决于粉丝基数，而今日头条的阅读量基于机器推荐。在今日头条这个系统中，哪怕你是新手，一个粉丝都没有，只要文章内容好，就可能阅读量过万。无论你是有几千万粉丝的大V，还是写作新手，在今日头条上可以说都处于同一起跑线上。

什么是机器推荐？

机器推荐的机制是根据标题或内容中的关键词，推荐给对应人群，以达到滚雪球效果。标题中的有效关键词，可方便机器识别，看的人越多，推荐也就越多。“看到这个，我哭了”这类标题，一个有效关键词都没有，很难有推荐量。很多公众号上“10万+”的文章，在今日头条上的阅读量却并不高，原因就出在这里。我在改后的标题里加入“职场”二字，与我的粉丝群更加对标，所以阅读量大幅上升。

要想提高推荐量和阅读量，就需要在标题中，尽量多放有效关键词，以便机器识别并推荐给对应人群，同时也方便读者通过搜索找到你。

最后，关于起好标题的总结如下。

①标题直接决定你文章的点击率，一定要重视。

②标题需要吸引人，但绝不要做标题党。

③在标题里尽量多放有效关键词，方便系统推荐，也便于读者找到。

④如果你是在今日头条上写文章，千万不要频繁改标题，最多改一次，因为今日头条会限制频繁修改标题或删除文章的行为。今日头条的机器推荐需要一定时间，文章发出后要等一段时间，再分析结果。

⑤学会看数据，多复盘、多总结。

4. 让人一读到底、欲罢不能的写作公式

文章的逻辑脉络一定要清晰，绝不能毫无规律地堆砌文字。只有逻辑清晰，读者才能看明白，才能顺着逻辑一读到底；而逻辑不清晰的文章，很容易让读者看得云里雾里，不知所云，导致读者才看两眼就放弃了。所以说逻辑很重要，它直接决定了读者有没有耐心去把这篇文章读完。没有逻辑的文章，只是一些内容的堆砌，会让读者产生阅读疲劳感，可能看两眼就会失去耐心；有逻辑的文章则层层推进，一浪接一浪，读到结尾时内容达到高潮，让人欲罢不能。

文章一定要有逻辑主线，学会建立文章的逻辑框架，写文章时自然得心应手。逻辑就像一本书的目录一样，要先有目录，再去填充内文。如果觉得自己的逻辑感不强，可以看《金字塔原理》这本书，虽然是本老书，在高手看来可能不够灵活变通，但对提高初学者的逻辑性非常有用。

建议每个新手在写文章之前先搭建逻辑结构，千万不要觉得这是在浪费时间，这样才能确保在写作中不跑偏、不发散。很多写作新手，最大的问题不是写不出来，而是写着写着就进入自嗨模式，很容易偏离主题，让看的人云里雾里。

新手在写作时可以利用各种工具梳理逻辑，如XMind、幕布都是梳理逻辑的“神器”。我在应对各种谈判、演讲、培训、写作时，都是靠这些“神器”来强化逻辑的，本书后面的章节会详细说明。

逻辑框架相当于建筑物的地基，相当于建筑物的结构设计，非常重

要。可以说写自媒体文章时文笔可以不够好，但是，逻辑一定要清晰明了。我的逻辑性就很强，这跟我拥有多年的产品设计经验有关，这也是我身为工科生却能快速转去写自媒体文章的一大优势。

再强调一次，写自媒体文章，拼的不是文笔、不是辞藻，而是你的观点及逻辑，这也是我说的人人都能写自媒体文章的原因，但是，不见得人人都能写好。我认识不少纸媒的作者转行写自媒体文都不成功，包括我的公公，他一生出版过很多考古专业书籍，但是，他的文字在互联网平台上阅读量很少，这说明自媒体和传统纸媒完全不同，所以大家一定要认真学习自媒体文章写作方法，不要随心所欲地写作，也不要固守传统纸媒的写作习惯，否则你的成长会非常慢，甚至会走入死胡同。

列提纲有哪些好处

①理顺逻辑，明确结构，使文章条理清晰。

②节省时间，快速成稿。新手很容易抓不住重点，列大纲就是给文章打好草稿，再填入内容，从而在写作时，做到有的放矢、重点突出、详略得当。

③有助于写完之后的复盘工作，方便修改。初级修改主要是检查并修改错别字、病句和重复表达等，而真正的高手则是看逻辑结构是否清晰，逻辑链是否连贯，检查文章内容对大纲的执行情况，大家很关心的青云计划奖的主要评判标准就是逻辑。

列提纲时要列什么

①总论点：也就是你文章的主旨、主题、核心观点。这个应该开门见

山，放在最前面。

②观点逻辑：2~4个分论点。也就是说，你这个选题打算从哪几个角度去切入？这几个角度之间的关系是什么？

③素材案例：可以是你朋友的故事，你看过的书或电影的内容，某个理论依据，某个专家的话，国外的文献，你查的数据图表等，总之是可以证明你分论点的论据。

④结构安排：就是你每部分用什么素材案例论证什么观点。逻辑一定要对应一致，比如你想证明的观点是“妈宝男不能找”，那么，你列举的故事肯定得是跟妈宝男有关的故事，不要写逻辑上不相关的故事。

掌握以下文章结构，玩转自媒体文

（1）平行式结构

平行式结构是指分论点之间相互独立且平行、顺序可以调整的文章结构。此类文章结构中各个平行部分的篇幅相近。比如我曾经在公众号“柒舟白领指南”中写过一篇文章《英国为何多女王？这三个原因，揭秘英国史的‘血腥’与‘玫瑰’》，这篇文章是我在一个周末发出的，今日头条跟公众号一样，周末的阅读量通常都比较低，因为大家周末看手机的时间远少于平时。但是，这篇文章在今日头条上的阅读量非常高，机器推荐量是五十多万，实际阅读量是五万五，评论、转发和收藏量都很高，大家有空可以看看这篇。

为什么英国多女王？我的文章从三个方面进行了阐述：

①政治原因；

②历史原因；

③地理原因。

各个原因是平行的，可以改变先后顺序，这就是平行式结构。

不少公众号只用平行式结构这一种结构，就吸粉众多，成为公众号中的佼佼者。自媒体初学者，可以从平行式结构开始练习，简单好用。

（2）递进式结构

说明自己的观点时，可抽丝剥茧、层层递进。这时分论点之间有所关联，顺序不可调整，否则逻辑不通。各篇幅要有详有略，重要的观点要多阐述一些。

这种结构的好处是有助于煽动读者的情绪，让读者产生共情，并且层层推进，最后在结尾处达到高潮。这样，读者就会在读到结尾时在情绪的影响下忍不住点赞、评论、转发等。一般来说，转发是读者对文章观点高度认可的体现。比如我的一篇文章《连姚晨、海清都在当众“求职”：30+的白领女性要被职场抛弃了？》，分为以下几个层次进行阐述：

①女白领自身压力很大；

②企业对已婚未育女性的歧视；

③整个社会对职场女性的偏见。

文章最后提到了所有社会问题都让女性背锅的现象，以俞敏洪所说的“女性的堕落导致整个国家的堕落”加以论证，从而把读者的情绪推向高潮。那么，女性读者就会感同身受，看到最后非常地愤慨，从而会忍不住点赞、留言、转发，进行互动。

这篇文章的结构层次递进得非常好，但是由于选材有些老套，最后的阅读量并不理想，所以，我再三强调选材的重要性，选材比文字质量还要重要。

我有一篇文章只是写着玩，以某明星为对象，以调侃的语气花了不到一个小时写完的，结果机器推荐43万，阅读量也接近5万，这种蹭明星流量的方法非常有助于提高阅读量，但是你一定要有一颗强大的心脏。就在前几天，我布置写微头条的任务，是关于某个明星作家的，结果我们有学员被读者留言伤到了，小姑娘非常难过。我想说，这种情况非常常见，你只要发表观点，就一定有人赞同、有人反对，除非你的观点特别中庸——那样的观点也没人看。尤其是涉及某个明星时，他的粉丝一定会站出来反对你，不用在意，如果对方言辞不理智，你直接举报、拉黑就行，还我们一个良好的创作环境。

（3）对照式结构

这种结构对于初级写手来说不太好掌握，不建议大家在新人阶段尝试，写不好很容易没逻辑。

简单说下，对照式结构就是分论点之间存在对照，一个是另一个的烘托论点。举个简单的例子，成长型人格和固有型人格的分析——成长型人格认为人是能不断自我提升的，所以会聚焦目标，不以现在的能力定目标，而是以自己的目标来不断提升能力；而固有型人格会认为人是不变的，会先看自己目前的能力，然后决定做多少事。

（4）总分式结构

这个是强烈推荐给大家的，是写观点文时最好用的结构，结构中自带逻辑，很容易掌握，可以说一招鲜吃遍天。总分式结构又可以变体为总—分—总、总—分或者分—总。以总—分—总结构为例：总，开门见山，引出主题；分，阐述各个分论点；总，收尾总结。

5. 如何又快又好地搭建文章大纲

（1）先定选题

这里有个小技巧，就是采用逆向思维方式进行思考。

选题非常重要，大家看到一个事物后都会想到的，就不要去写了，这种方式没有任何内容增量，一定要从别的地方去想切入点。

推荐大家看《奇葩说》，它的可取之处在于对于一个现象、一个素材，你可以从各个角度去讨论、去思考，这是我最欣赏的一点，我希望我们每个人的思维不要被禁锢住，那样观点没有太多内容增量。大家也可多看看《罗辑思维》，像《奇葩说》那样，它会从很多很犀利、很奇怪的角度去想一件事。要多做训练，从各个角度锻炼自己的思维能力。

（2）确立分论点，拆分主题观点

确立分论点是写作整篇文章最为重要的环节，很多朋友在写文章的时候，希望将更多的知识分享给读者，这就容易写着写着就散了。所以我们在这里希望大家基于主论点来拆分分论点。

比如，我的公众号“柒舟白领指南”里有篇文章是教职场新人如何送礼的，大家有兴趣的话可以关注我的公众号去看原文。我在“如何送礼”这篇文章中，把整个送礼的过程分为几部分来进行分别讲解。首先我们来分析面对不同的人时该如何送礼，因为我们在送礼的时候会遇到比我们职务高的人，也会遇到职务比我们低的人；会遇到经济条件比我们好的人，也会遇到经济条件比我们差的人。针对不同的情况，我们要考虑采用不同的方法，要考虑在什么样的场合、什么样的时间，用什么样的方式来完成送礼，会让大家既开心又不尴尬。

选定了送礼的方式后，我们再来分析如何挑选礼物。不同类型、不同性格的人，对于礼物的喜好是不同的，如果我们送的礼物不能被别人喜欢，那么这个礼物也就白送了。所以我们需要展开人和礼物之间的关系，并进行详细分析。

我们的分论点一定是主论点的一个个小细节，是为了更有深度地去阐述主论点，所以不要过于发散，使得文章内容不够集中。

（3）搜索整理素材

搜索素材的四大原则：高相关度的、强贴合性的优先；新颖别致的优先；经典、知名的优先；典型的、有代表性的优先。

素材可以是自身生活中的故事，也可以是朋友的故事，可以建立一个故事库，比如你聊天时，听到一个故事后就立刻记录下来，最好按人的喜怒哀乐等情感分标签来记录；可以是名人事迹，比如文化名人、娱乐明星、商界名人等；也可以是电影、电视剧、纪录片，注意如果是收费的纪录片，不要截图，会有版权的问题。

6. 版权问题不可小视

在这里给大家强调一下版权的问题，今日头条对每篇文章都是付费的，所以你的文章使用图片时就已经构成商业行为了。这个时候如果你不小心使用了自己没有版权的图片，将面临高额赔偿。

在图片版权问题上，我们最容易出现的第一类问题是影视类的图片版权问题。这些图片涉及了艺人的肖像权，艺人都有自己独立的肖像权，我们如果仅仅从电影中将他们的形象抠出来是绝对的侵权行为。

第二类是影视作品的版权，我们在没有获得授权的情况下直接引用影视作品的镜头，也是一种侵权行为。

第三类可能是大家没有注意过的播放版权的问题，我们很有可能在截屏的时候会把视频网站的LOGO截入图片之中，这样就侵犯了这些平台的播放权，是一种很严重的侵权行为。当出现这些行为之后，这样的文章一般都会被下架，文章获取的收益也会被收回。

除了影视类外，还有一类就是体育类。绝大多数体育类赛事的版权都被商业公司所买断。比如NBA的动图是绝对不能放的，还有英超、中超这些已经被赞助商独家买断版权的体育赛事。在文章中违规使用照片、视频或者动图，一旦被起诉将面临高额赔款。除了这几类之外，我们还可能写到历史、军事和农业等领域的内容，如果我们借鉴他人文献时直接使用图片，也会造成侵权。

在这里给大家一些建议：第一，一定要弄清楚每张图片的版权，很多图片个人使用没有版权问题，但是一旦用作商业，就存在版权纠纷了；第二，我们在获得一张图片之后，最好可以在原作者的授权下，对图片进行二次加工处理，这样也可以规避一些版权纠纷。我们可以将其称为素材。

由于版权问题复杂，今日头条也很体贴地为大家准备好了图片工具，帮助大家去寻找没有版权风险的图片。

免费正版图片

“免费正版图片”功能适用于在文章中插入配图的情况。

在“发头条”页面，选择“插入图片”，即可看到“免费正版图片”功能。

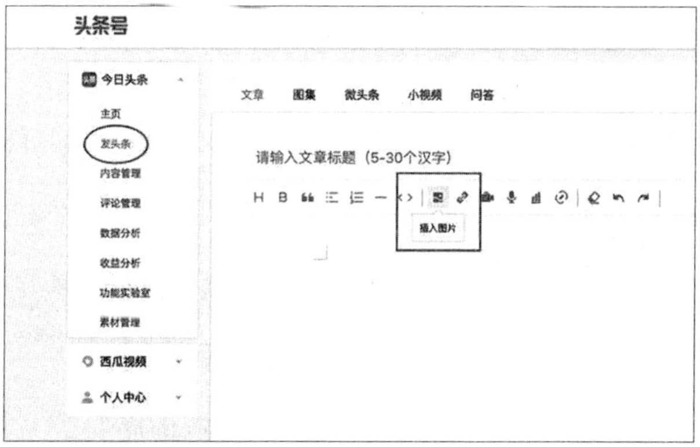

为了帮助大家更快速、更方便地找到想要的图片，这个界面中共设置了4个搜索小功能。

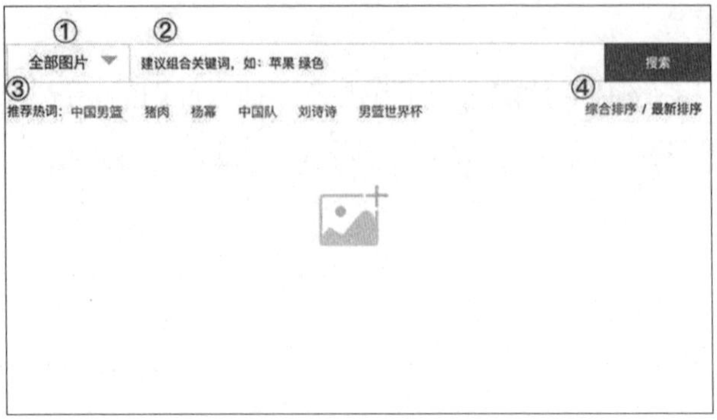

①图片类型筛选：点击搜索框左侧的小箭头，可切换“全部图片”“新闻图片”和“创意图片”。

②组合词搜索：支持多个词语组合搜索，从而更精准地找到图片。

③推荐热词：热点词语自动推荐，启发选题灵感。

④图片排序：支持“综合排序”和“最新排序”，从而满足多种需求。

以图搜图

有些图片既不知道该用什么关键词才能找到，又担心使用网络图片会侵权，怎么办呢？试试“以图搜图”功能吧！

通过“以图搜图”功能，我们可以将文章中的任意图片替换为来自IC photo的免费正版图片，避免版权风险。

先将网络图片上传到平台的编辑页面中，然后点击图片右下角处的“搜图”按钮。

这时，页面会自动跳转到“推荐图片”，多张相似图片供作者选择。

选中图片后点击“确认”，文中的网络图片即可被替换为来自IC photo的免费正版图片。

免费正版图集

“免费正版图集”功能适用于发布图集内容。

在“发头条”页面选择“图集”，即可看到“免费正版图集”功能，也可以在“功能实验室”页面找到它。

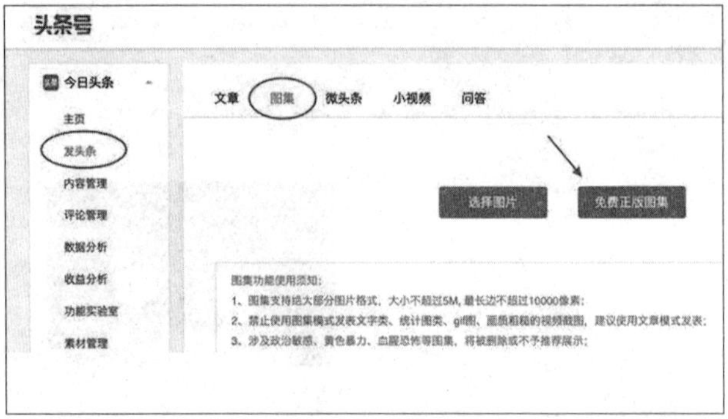

▲ 入口1:发头条→图集→免费正版图集

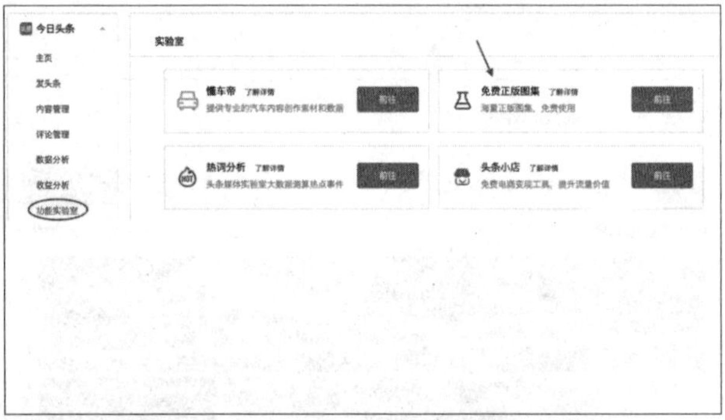

▲ 入口2:功能实验室→免费正版图集

在“免费正版图集”功能中，既有机器聚合的正版图集，为你提供素材；也可以通过“自建图集”功能，搜索自己想要的图片，手动聚合为一个图集。

热点图库

“热点图库”功能提供实时的新闻图片，适用于各领域的作者进行热点资讯写作。

该功能位于“功能实验室”页面。

在“全部”标签下，可浏览当日所有热门事件的图片素材。

同时，可切换至国内、体育、娱乐和国际等11个标签，浏览特定领域的热门事件、趣味话题的图片素材。

素材收集好后，要选择合适的大纲结构来安排素材和论点，最后完成你的大纲。

7. 这几个写作公式，帮你玩转自媒体文

类型一：观点文，也是自媒体文受众面最广、最受欢迎的类型，公众号、头条上的很多文章都是观点文。下面我总结了几个公式，能帮助你写好观点文。

公式一：故事1+故事2+故事3+论述4或者故事1+故事2+论述3。就是先并列放几个故事，最后论述。

公式二：故事1+论述2+故事3+论述4。就是故事和论述穿插进行。

类型二：干货文。干货文是头条和公众上很受人很喜欢的一种文章类型，而且干货文更有助于涨粉，对于头条来说，更具有内容增量。

干货文的常见写作公式：故事1+分析2+干货3+总结4。

干货文的核心行文逻辑是：发现问题（What）→分析问题（Why）→解决问题（How）。

文章举例：可以看我之前的一篇青云计划获奖文《我特别易怒，总控制不住自己，怎么破？》。

我们的公众号“柒舟白领指南”垂直于职场领域，有很多干货文，比如《你有多久没读完一本书了？掌握这套方法，让你七天读透十本书》《订计划，总是实现不了被打脸？因为你的计划缺少这三个要素》《掌握这个方法，让你的时间比别人多三倍》等，基本上“柒舟白领指南”上以干货文、观点文为主。

大家不要怕写得差，不敢开始写。有几个学员找我，说时间实在来不

及，能不能延期，会不会影响退押金。我想说，设置押金不是目的，就是一种督促，只要你认真对待自己，押金都会退还。但是，写作这个事，我只能教会你方法，最后还得靠你自己一个字一个字去写，谁也帮不了你，我希望大家都不要糊弄自己。

有的学员在写第一篇文章的时候，写了一个星期，写到第二篇的时候，就已经能控制在两三天之内了，那再往后的话，可能一两个小时就能写出一篇非常优质的文章了，所以大家在写第一篇的时候，时间长是很正常的，不用自我怀疑，只要坚持下去就行了。

如果你的逻辑性不是很强的话，可以试试使用小标题。对于一些写作高手来说，他们的文章本身逻辑就非常清晰，那他们可以不用小标题，所以你不用找一些专业的文章，告诉我“老师，你看他没有用小标题”。我们是新手，所以暂时不要跟那些写了很多年的作者去比，而且有些作者本身就是作家，自带流量，有自己的粉丝。我们作为新手，能让别人对你产生信任感的最简单易行的东西，就是你的版式。所以当你自己的逻辑不是很清晰的时候，小标题就可以很好地体现你的逻辑，它就相当于一本书的目录，也就是文章的逻辑框架。我经常接触头条里审文的老师，他们在做人工审核时，看一篇文章的速度非常快，那他们如何去看你的逻辑呢？他们的方法就是去看你的小标题，如果你的小标题是有逻辑的，而不是无意义地堆砌，他们就会认为你的文章是有逻辑的。

8. 打造独特文风，让你的读者爱上你

每个人都有自己的写作习惯，这里介绍几种可以提高作者词汇量和丰富表达方式的方法，帮助自媒体新人提高自己的文字质量。

从模仿高手开始，什么是好文？

对于头条平台来说，优质内容有以下几个特点：

①内容原创，发文集中于1~2个领域；

②结构清晰，排版简洁，图片清晰；

③内容有较多信息增量，能够使读者有所收获；

④可读性较强，文字顺畅，重点突出；

⑤没有标题党、内容失实和过度营销等问题倾向。

建议大家多去看相应领域内的大号，或者去今日头条的青云计划文章榜单看优质文章。另外，很多今日头条的官方号也会发布自己领域内的青云计划获奖账号。

照着优质文章做仿写是最快速、最有效的提升方式。当你仿写两三篇后，就会越写越有感觉。我一直强调写文章要“眼高手低”，就是你可能暂时没法写得很好，但是你一定要多看好文章，要“眼高”，要知道好文章是什么样子的，照着仿写，学到正确的写作方法，然后慢慢形成自己的风格，这样就能少走很多弯路。

写文章时要注意文章的节奏感，应层层推进，不拖泥带水。要想加强

文章的节奏感，有一个方法，就是尽量用短句、短段落，长段落读起来会让人感觉非常累。所以，大家从现在开始要有意识地做拆句练习，尽量把长句断成几个短句。

自媒体写作的关键就是：能用词表达的，就不要用句子；能用短句表达的，就不要用长句。要想扩大自己的词汇量，有个很简单的方法，就是翻词典，大家可以买一本词典，没事的时候多翻翻，词汇量就提升了，你的文章就精练了。

如果想让自己的文笔变得更凝练，大家可以试着做相应的缩句练习。一些新手作者，特别喜欢用长段落、长句，这是大忌，不管是公众号文还头条文，它们的阅读环境都是碎片化的，而且读者用手机阅读，不可能有耐心去看那些长句。所以要做缩句练习，可以尝试把一个长句拆成两三个短句去表达，经常做这样的练习，你就会发现，后续在写短句时，就十分得心应手了。如果一开始觉得比较困难的话，可以在文章写完后检查一遍，把那些很长的句子拆成一个个小短句。这样，文章的长段落也可以拆分成一个个小段落，以降低读者的阅读疲惫感。短到什么程度呢？最好一百多字一段，基本上三行分一段，大家可以有意识地多做这样的练习。

我在教公式写作法时，也分享过如何去做短句的练习，这里简单地提一下。首先，你要让自己的文章行文有节奏感，用三短一长的格式，也就是短句+短句+短句+长句，可以尝试去做这样的练习，这样写出的文章读起来会非常有层次感。有一种特别容易让人心潮澎湃，容易引起共情的句式，就是排比。我写文章时非常喜欢用排比和对仗，以这两种方式写出的文字很有气势。你用的排比最好是一层一层递进，一层比一层波澜壮阔。对仗就不用多说了，我们过年时贴的春联采用的就是对仗。用排比和对仗的好处，就是很容易在文章中出现金句。金句的作用非常大，它很凝练，让人有种字字珠玑、一针见血的感觉。

另外，写作时还需要注意抓住读者的心理，一旦读者被你的文章吸引或者产生共情，就会有分享的欲望。读者分享主要有以下几个原因：你的观点跟他一致；你的观点是他要批驳的；你的观点特别打动他，让他瞬间产生了强烈的共情。他往往不会单独分享，他在分享的时候还希望附几句话，表达自己的观点。很多读者懒得编辑，最常见的操作，就是从文章中截几句话出来，作为他的转发文案。如果文章中有金句的话，那这个操作就非常简单，这样一能显得你的文章很专业，二能促使别人去转发，三能方便别人去转发。

在自媒体文的格式上，每一段之前避免空两行，因为它是自动适应手机屏幕大小的，如果你空两行的话，可能很乱很难看。自媒体文通常是每段后空一行，这样还可以减少读者阅读带来的疲惫感，读起来会很轻松。很多自媒体文写得很好的作者甚至可以做到一句一行、一句一段。如果大家做不到一句一段，那起码要做到三行一段，每段前空一行。

一定要学会合理配图。配图的作用同每段后空一行一样，也是为了进一步缓解读者阅读的疲惫感，同时还能让读者通过配图初步了解你的文章是关于什么内容的。配图一定要跟你的文章有关系，而不要为了配图而配图，如果配一些风景照等不相关的图片，那反而会起反作用。

前面说了小段的衡量标准是一段3~4行、100~250字之间，那配图就需要控制在5~6段之间配一张图。当然这不是固定的，最重要的还是要跟着文章逻辑走，一般情况下比较好的阅读体验就是5~6段配一张图，这样读者读起来会相对舒服些。

写文章就像拍电影，比如《拯救大兵瑞恩》，既有恢宏的战争场面，又有细腻的普通人视角。如果全都是战争场面，很容易空洞无味，加入一个小人物的视角，就会达到张弛有度、节奏感强的效果，这样既能体现出一定的格局和高度，又能在细节上温暖、打动观众。

总体来说，一篇文章如果内容原创、选题明确、结构完整、能够自圆其说，就算得上是合格的文章了。如果一个账号的文章，基本都能保持同样的质量，申请原创标就没问题。

原创标制度有点像考试制度，只要过一个分数线，就一定可以拿到优秀，类似读书时候只要考80分（100分满分），就一定是“优秀”。

拿到原创标，就可以申请青云计划了。青云计划跟原创标的分数线制度有所不同，它更像是征文比赛制度，它是在一群有原创标的作者写作的文章里选取更好的文章，是优中选优，所以获奖难度会比申请原创标要大一些。总之，原创标是后续一系列操作的基础，对变现很重要。

在今日头条中，还有一种权益是加“V”。原创标和加“V”是两码事。加V是指头条号上有黄V标识，默认只有优质作者才能有。就比如我的头条号专攻职场领域，那么在我的头条号头像上就会出现“优质职场领域创作者”字样以及一个黄色的“V”（如果你同时认证了身份，也就是职业信息，会同时出现你的职业信息）。文章获得了原创标的作者，基本上都可获得加“V”。

今日头条App的后台一共有三个认证：作者认证、身份认证和兴趣认证。

作者认证是实名认证，只有进行了实名认证，才可以写文章，所有人注册头条号时都需要点击“作者认证”。

身份认证是认证你的职业信息，而不是认证身份信息。这个认证不认证都可以。

兴趣认证是认证你的领域，这是最重要的，而且需要考核，通过也比较困难。例如，如果你选择教育领域，你需要回答这个领域的很多专业问题，但是如果你走头条的内部通道，可以跟着内部通道去做兴趣认证，省略答题环节。

自媒体文的基本标准：说人话

关于文风，最基本的门槛是“说人话”，在这个基础上，再通过练习，形成个人风格。一个人的文风，会受他看过的书的影响。

小时候，我很喜欢看世界名著，几乎看遍所有外国名著。所以，当时的文风是浓浓的翻译风，作品中有着外国文学中大量人物内心的细腻描述、大量场景描述、大量长句及辞藻，这样的文章代入感很强，可以让读者身临其境，但是这种文风就非常不适合头条，只适合文学创作，因为其节奏过慢，不适合碎片化阅读，会让读者感觉内容很水，没有干货。

高中时，我喜欢上了鲁迅、韩寒的文章，不知不觉被他们所影响，从而改变了文风。自媒体文更类似鲁迅、韩寒的风格，建议大家可以找这两位的书来看看。

如果你喜欢细腻的文字，可尝试“非虚构”写作；如果你热爱看书，可以尝试“拆书稿”。每种类型的写作风格及方法完全不同，这里，我只讲自媒体写作，它最适合碎片化阅读，也是我认为最有内容增量的写作形式。

如果你喜欢华丽的堆砌辞藻，或总是陷入个人的内心世界无法自拔，我只能说，你的写作还停留在自我陶醉阶段。

每种类型的写作风格及方法完全不同，比如之前有的学员想写小说，在我的课程群里说“柒舟老师总是强调，要用短句、短段落，三短一长……”。我要重申一下，这里指的是自媒体写作，是头条文写作。而如果是写小说、非虚构、拆书稿及营销文案等，方法则是完全不同的，有些需要做扩句练习，需要长句、长段落来强化读者身临其境的感觉；有些需要做缩句练习，强调节奏感，大家切不可混为一谈。

切记，自媒体写作不是为了卖弄文采，不是为了自我陶醉，而是有逻辑地分享观点或方法，为读者带来更多价值。

写完文章之后一定要仔细修改，修改的时候要把一些废话删掉，同时修改一些病句。新手作者很怕自己讲的观点对方不理解，导致在一个点上不断地重复，这是新手作者最容易犯的毛病，反而还觉得自己写得挺长。切记，最好的方法就是回头再仔细地核对检查一下。另外还有一个很好的检验方法，就是把它读出来，在读的过程中，你就会发现很多话是多余的，而且读出来还有一个好处，就是看自己的文章是不是在“讲人话”。尽量写出一种和朋友面对面聊天的感觉，越简单、接地气越好，而不要去卖弄辞藻，不要用外国名著中的那种大段的长段落和长句子，这种风格在自媒体文中是绝对要不得的。

另外，注意文章的排版，它有时可能比你的文章内容还要重要。好比一个姑娘长得好看，大家都愿意多看一样，文章如果排版好的话，读者对文章的容忍度就可能会更高一些，信任度也会更高一些，会让读者感觉很专业。我一直很注重自己文章的排版，公众号第一篇文章给人的感觉就像我已经写了很多年，当然也是因为我有一个专业的团队去做相当好的排版。

排版完了以后多检查几遍，有一个小技巧会显得很专业，那就是统一你所有文章的版式。这篇文章怎么排版，以后就怎么排版，这样就显得你好像是一个专业机构，在做独立的输出。一般结尾我们会附上作者简介，要学会给自己贴标签，用最精练的词找到自己的一些强项，然后放到结尾。结尾不用太长，像简介有两三行即可，但是一定要突出关键词，让读者能用最短的时间了解你。

9. 排版风格是文章的门面

自媒体的展现形式多种多样，版式是和传统媒体区别最大的地方。不同的垂直领域，版式也有所不同。这里给大家讲讲最普遍的公众号排版。

人是视觉动物，好的排版就像一个人拥有美丽的外表，能促使你的读者深入地读下去，而不会错过你的好文。同时，好的排版还能让文章逻辑分明，便于读者理解和思考。

如果你立志于发展头条平台，我的很多学员现在是头条的大V，以他们的经验，排版还会影响到拿头条的原创标和青云计划奖金。你可以把头条的评审人员想象成你中学时考试阅卷的语文老师，每个评审老师每天要看大量的文章，他评审你的文章时可能只用几秒钟，没有时间去关注细节，最直观的印象，就是你整个文章的排版，排版能体现一个自媒体作者的专业度。

下面，我将以公众号为例，跟大家聊聊文章的排版。

小标题是文章的骨骼

一般一篇文章的字数都在3000字以上，这就意味着信息增量非常大，用明显的标志将文章切分成几个小节，这样就能在每个小节的间隔部分给读者一个喘息的时间，以减少阅读压力。

①通常可以用数字做小标题，简单明了，如下图所示。

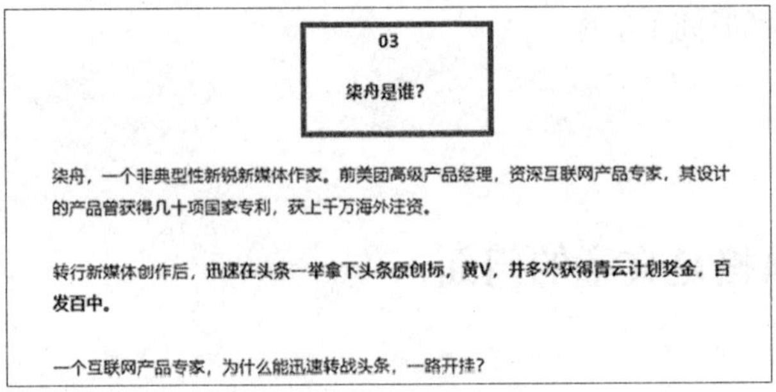
03

柒舟是谁？

柒舟，一个非典型性新锐新媒体作家。前美团高级产品经理，资深互联网产品专家，其设计的产品曾获得几十项国家专利，获上千万海外注资。

转行新媒体创作后，迅速在头条一举拿下头条原创标，黄V，并多次获得青云计划奖金，百发百中。

一个互联网产品专家，为什么能迅速转战头条，一路开挂？

②分割线也是个不错的选择。

一般来说，一篇公众号文章由文前引导关注语、正文、延伸阅读、文末引导关注语、广告这几个部分组成。分割线的作用就是告诉读者，这部分的内容到此为止，下面是下一个内容了。分割内容时不一定全用长长的分割线，可以用个小小的图标或者简单的图形，这些都是不错的选择。

标题常用样式

样式：1、-1-、01

字号：正文的字号一般在14px~17px，推荐采用16px。小标题应该比正文大一个字号，比如正文字号采用16px，小标题字号采用17px。

02 | **性格是可以改变的**

如何改变?

改变的本质=不断创造新经验+不断强化。

改变的本质，就是创造新经验，用新经验代替旧经验。新经验需要新的行为，去获得新反馈，**新反馈会带来新的启发和思考，多次循环迭代后，你的生命半径就会不断拓展。**这里我强调“做”，就是“切身体验”，这个比听到、看到的道理要重要得多，我一直强调“做”的重要性。只看道理而不做，只能是“明白了无数道理，却依然过不好一生”。**只有切身体验，不断反思，迭代，调整，才能用新行为带来新经验，用新经验来不断扩展你的人生系统。**

首先，改变的第一步，如何产生改变的意愿?

▲ 图中的正文字号为16px，标题字号为17px

5.自我复盘：复盘！复盘！复盘！

“修炼”有个非常好的方法，就是“复盘”，我本人很欣赏的曾国藩、王阳明等都经历过人生中几年的自我剖析、自我复盘的阶段，在某个契机下顿悟，后续的人生豁然开朗。

“自我剖析”或早或晚，可能你一路走来顺风顺水，从未停下来思考，大多数人只有突然在职场或生活中遭遇重创后，才开始自我反思（比如最近大热的电视剧《我是余欢水》）。“自我剖析”越早进行，越早受益，而且，**由于人是在不断发展变化的，还需要不断复盘、迭代，不是自我剖析一次就一劳永逸了。**

▲ 图中小标题颜色“#ab1942”，正文颜色“#3e3e3e”

颜色：正文字号的颜色推荐“#3e3e3e”或“#595959”这样比较浅的颜色，尽量不要使用纯黑色，不然会比较刺眼，让读者不舒服。而作为标题，为了与正文颜色明显区分开来，推荐用比较深的颜色，如“#ffffff”或“#ab1942”。

配图很重要

由于文章很长，字数很多，信息增量较大，为了避免读者产生阅读的疲惫感，通常按逻辑将文章分为几部分，每部分都应该有配图。

图片分辨率：长图为640px × 360px；方图为640px × 480px。

对齐：居中对齐。

行距：上下空1行，若内容与图片关系紧密，则不空行（与上文紧密则上不空行，与下文紧密则下不空行）。

你可以通过各种渠道获取配图。各大网站上都有收录各种各样的图，大部分都免费，大家可根据自己的制图需求自行选择，这里推荐几个网站。

https://gratisography.com

https://www.hippopx.com

https://pixabay.com

https://www.pexels.com

https://visualhunt.com

https://picjumbo.com

另外，市面上有不少好用的图文混排工具，能让你的图文制作变得更简单。这里推荐以下几个排版编辑工具，可快速、便捷地生成具有个人风格的优美图文。

秀米编辑器　https://xiumi.us

135编辑器　http://www.135editor.com

壹伴助手　https://yiban.io

自媒体管家　https://xmt.cn/index

新榜编辑器　https://edit.newrank.cn

365编辑器　http://www.365editor.com

西瓜助手编辑器　http://editor.xiguaji.com

如果对个人风格没要求，在创客贴网站，可以迅速制作出高端大气上档次的封面图；在文字云网站（tagul.com），可以在线制作和生成文字效果图片，网站为全英文，可以借助有道App或谷歌浏览器进行翻译；还有表情包制作，如花熊等。大家可以在写文章的过程中不断探索，发现更多好用的工具。

金句加粗，重点突出

当正文内容太长时，读者很容易找不到重点，就没有耐心读下去了，因此文章中应该合理强调重点、突出观点。下面以我的公众号“柒舟白领指南”里的一篇文章为例。

> **4. 性格的修炼**
>
> 我并不想谈情商对一个人事业、公司的重要性，毕竟不是人人都有宏图大志，要开创一番事业。这里，我只想从幸福感的角度来讨论这个话题，**一个人在一个环境里是否幸福，他感觉是否舒适很重要，幸福舒适是激发他创新的原动力，**而很多人在职场一直是一种蜷缩的状态。
>
> “性格决定命运”是很有道理的，**性格是可以修炼出来的，修炼不是一蹴而就的，**可能会有反复或倒退，但这正是修炼有趣的地方，性格的修炼是个非常大的课题，我后续会结合我职业发展心理学专业，通过一系列文章来阐述。

另外，在一篇文章中，为了让内容更加翔实丰富，我们通常会引用一些素材，可能是一句名人名言，可能是你在知乎上看到的别人的观点，这时就需要用到“引用”这种形式。名人名言、搜索资料、段落节选，都要加“引用”，引用内容的字号推荐用14px~15px，建议其使用较浅的颜色，以和正文内容做区分，如“#a5a5a5”或“#888888”。

“引用”在公众号后台的工具栏中的位置如下。

2. 数据应考虑权重，而不能仅以量判断。

在知乎上有个问题，大家有兴趣可以看。

> 问题：**「数据会说谎」的真实例子有哪些？**
> 地址：https://www.zhihu.com/question/19578400

罗胖也曾说过，

> **“我不看数据，数据是会骗人的，数据并不能得到真实的情况反馈**，反而会误导我。”

就是这个道理。

注意：在公众号排版中，使用下划线和斜体的情况较少，除了超链接外，尽量不用下划线，否则容易误导读者。

文首导语引入文章

我一直认为，每个人，无论何种职业，一生都在努力打造自己，在向内、向外探索，**你就是你自己设计的最好的产品**。你是你人生的作者，你的人生剧本如何走向、如何发展，由你决定。

我的一系列自我改造的方法会在这个公众号陆续分享，相信每个人都能打造出最好的自己。

曾在知乎回答过一个问题，分享给大家：

有哪些值得长期坚持下去的好习惯？

我一直认为，成就优秀的一生，不是靠意志力，而是习惯。只有习惯能持续造就自内而外的优秀，获得渊博的学识、舒服的性格、美丽的外表。

这里分享几个习惯：

1. 不断学习，保持好奇心

▲ 摘自公众号：柒舟白领指南

文章内容正式开始前可以用简短的文字来引入，这样不会显得太突兀，而且能帮读者迅速进入文章。

文末用个人简介强化个人品牌

在文章结尾处放上作者简介，可以让读者对你有更深的印象，建立更深层的链接。这里要注意一点，如果是公众号，可以放你的公众号二维码或个人名片，来帮你引流涨粉，不断强化个人品牌。但如果是在今日头条或知乎等内容平台，则不要放二维码，否则容易被限流，甚至被封号。

第六章

打造爆文秘籍，“10万+”阅读不是梦

1. 如何才能出现爆文

这么多年的自媒体生涯里，我一直记得当年我的老师总结的一句话，也就是爆款的核心思想——在一个大背景之下的小细节！

一篇爆文的产生首先依靠的是一个大背景、一个大流量池，这决定了这篇文章是否具有阅读的基础人群。而一个小细节是指把这个大背景下的一个点研究透彻，要有一定的深度，超过绝大多数的直观理解，让读者可以在一个大众事件里看到不一样的视角，或者看到隐藏在背后的深层原因。

我们常常把短时间内获得很大阅读量的文章称为爆文。一篇爆文有两个关键点：第一个关键点是“爆”，也就是短时间内爆发；第二个关键点是传播广泛，也就是有非常多的人阅读并愿意分享。产出爆文是一个使账号增加粉丝、增加收益的最好途径。一篇百万阅读量的文章可以给账号带来几百个粉丝、数百元甚至上千元的收益。为了写出爆文，每个大V都有一套自己的方法。接下来，我将为刚刚进入这个领域的自媒体人总结爆文写作的三大要点，大家只要按这个来写，相信很快就可以写出自己的爆文。

天时：借助热点趋势

要想让读者阅读你的文章，最重要的是让读者对你的文章内容感兴趣。而如何让读者感兴趣呢？最好的方式就是结合当前的热点来写。热点指的是受大多数人关注或者欢迎的信息，或指某时期引人注目的问题。譬如高考是全国上下都非常关注的话题，无论是试题还是分数线，高考状元还是残疾学霸，都会引起大家的兴趣，这就是一个热点。

大家关心的热点那么多，我们只有针对不同类型的热点采用不同的处理方式才能达到最好的效果。在热点的采用上主要有两种方式：一种是直接引用事件本身，另一种是抽取事件的核心概念。对一件较为复杂的事件，或者具有专业领域背景的事件，我们建议引用事件本身。这些专业性的内容如果不写清楚，可能会让读者产生误解，也可能让读者看不懂，不明白具体情况。如果读者连背景和文中的事件都没有弄清楚，后面的文章内容也就白费了。但是对于大家耳熟能详的事件，或者最近非常热门的事件，就不要再大篇幅地描述事件本身了。读者之前已经通过大量的信息了解了相关背景，我们需要做的是迅速抽取事件的核心概念，迅速开始对事件做出分析。

热点可以划分为三类：短期热点、长期热点以及系列热点。接下来，我将对这三类热点进行一个简单介绍。

短期热点：是指忽然爆发的事件，往往是发生在名人身上以及热点区域，但是对广大群众影响不大的事件，譬如明星恋情曝光、精彩的体育赛事结果和严重的事故等。这些事件有一个特点，就是普通人难以通过自己的信息渠道获得相关信息，往往要通过专业的新闻媒体才能了解。但是由于这类热点和读者自身关系不大，专业新闻媒体每天会放出大量类似消息，所以很快又会有更多的信息将其掩盖。针对这些短期热点，我们必须迅速做出反应，提取事件中有情感共鸣的部分，让读者产生尽可能多的关联感。

长期热点：是指在很长一段时间内都会引起人们关注的事件。这些事件往往和读者本身有一定的关联，以至于每次提到相关事件都会引发讨论，譬如高考、公务员考试和职场等相关事件。这些事件绝大多数是读者了解过、参与过甚至困扰过的事件。长期热点天然带有流量，而且无论何时利用其进行文章创作都可以。但是对长期热点，我们一定要选取不一样的视角来描述，要进行更加深入的分析。这些事件读者比较关注，且提供相关信息的人也比较多，只有提出更加深刻的观点和分析才能打动读者。

系列热点：是指在一个时间段内，出现的一系列的有关联的热点，并且这些热点之间是相互依托的。譬如世界杯期间，不仅是足球，相关举办地的旅游、美食，甚至球迷、八卦都成了热点。而这些全部都是由一个主题聚集在一起的。这些热点的出现往往基于一个大的主题，而和这个主题相关的粉丝也会在此聚集，通过系列热点可以大量获取这个主题的粉丝。如果可以将这些热点进行一些巧妙的组合和加工，就会产生不可思议的效果。

地利：匹配平台定位

随着自媒体的发展，在互联网上出现了很多媒体平台，这些平台本身都有着自己的定位和设计。我们在写文章之前，一定要对我们发文的平台有足够的认识，不同的平台拥有不同的读者、不同的战略和不同的发展设定。我们在各个平台上发布文章时一定要符合各个平台读者的喜好、符合平台的发展策略，否则就会事倍功半。

（1）平台读者区别分析

各个媒体平台在创立过程中，本身就有着自己的独特定位。

譬如知乎更想吸引专业人士来回答问题，读者想在知乎平台获得专业性的建议，那么在知乎平台上我们要让我们的文章尽可能地专业，可以引用一些专业文献，突出自己的专业背景，这一切都是为了满足读者来找专业人士咨询这个目的。

譬如微博上面有很多突发事件的消息，由于篇幅短小，编辑一条微博，比写一篇知乎专业回答要快很多。所以微博上更多的是对一些事件的简要分析和讨论，更多的是情感的宣泄和表达，不太具有理性。所以微博上转发较多的往往是比较尖锐的观点和突发事件消息。

说过了知乎和微博，最后，我们来看看公众号。公众号平台是建立在微信基础上的信息发布平台。微信现在已经成为我们生活的一部分，我们的朋友圈里转发的往往是自己认为有用的，或者对身边朋友有帮助的信息。这些内容往往是一些对和自己生活相关事件的深度分析，这些有别于常规观点的深度分析会给读者带来不一样的体验和启发，同时读者会想通过这些独特的观点去表达自己，从而去转发这些文章。

总的来说，问答侧重于作者专业性的体现，短文字适合情绪宣泄，而长文字适合深刻分析。

（2）平台发展阶段分析

在发展早期，聚集人气是平台最重要的事情，所以平台对文章的把关并不是很严，容易出现较多的标题党。但是随着平台发展得越来越成熟，平台会逐渐朝着正规化的方向发展，会更加重视文章内容的质量，而标题党会对平台的形象产生冲击和影响，所以平台此时就会开始打击标题党、打击抄袭等一系列早期并不是很在意的行为。

如果不能对平台所处阶段有清楚的判断，在早期发展阶段太过重视内容而忽视营销推广，就容易被其他信息淹没；而到了平台发展的中后期，如果还不重视文章深度，仅仅依靠热点和标题，也会慢慢被平台所淘汰。只有认清了平台发展现状，才能写出符合平台要求的文章。

同时，平台在不同的阶段对不同的频道、栏目和内容会有不同的侧重，我们需要抓住平台在该时期的侧重，借助平台的力量发展自己。譬如今日头条在2019年为了和知乎竞争，对自己的问答板块给予了很大的资金支持，这个时候你写问答就会有很高的流量和收益；到了2020年，今日头条开始扶持微头条，在流量的扶持下，大量千万阅读的微头条出现，很多作者在这个过程中产出了一系列爆文。

总的来说，我们一定要清楚平台的整体发展阶段，了解当前各个栏目、频道的侧重，然后有针对性地选择题材和表现形式。

人和：符合受众认知

对于自媒体人，前面两点只要花工夫去琢磨，就一定会有收获。相较而言，“符合受众认知”这点确实是最不容易做到的。

符合受众认知的难处在于我们不清楚受众的想法，我们输出的内容，往往是在我们有经验、有能力、有心得体会的领域。我们希望把我们的心得体会分享给有需要的人，但是这些人通常是在遇到了一些困难时，才需要帮助，才需要有人去解答他们的问题。我们自己觉得好的、想分享的内容，往往是一些独到的见解，但是这些内容大多是对这个领域已经有一定程度了解的人才能理解，而更多的人需要更加简单基础的知识，需要那些我们觉得不需要讲、想想就知道的内容，毕竟这个世界上永远是专业人士少，而普通读者多。为了让文章被更多的人阅读、转发和收藏，我们一定要提供给受众多的内容。所以，符合受众认知的核心就是写想看的，不要只写自己想说的，同时注意以下几点。

①我们写的内容要让读者觉得有用。

这点我想大家都会比较认可，只有大家觉得有用的东西，大家才会关注，才会想去分享给周围的人。这个“有用”可能是让他知道一个有趣的事情，而且这个事情大家都只知道一个方面，或者在理解上有偏差；也可能是用简单风趣的方式让他了解最近一些热门的新名词；还可能是让他了解到应用某种简单有效的方式可以治疗某种常见疾病。只有内容让大多数人觉得有用，才能达到我们的预期目标。

②我们写的内容要让读者觉得看得懂。

很多作者在通过文章传递一些有用信息的时候，很容易把自己扮演成老师的角色，这往往是普通读者特别讨厌的一件事情。大家想想为什么我们读书时候遇到问题时很多情况下喜欢先问同学，同学实在回答不上来才问老师，就是因为同学说的我们比较容易听懂，他们用自己的感受在和我们交流，而不是老师自上而下的教育。所以我们一定要把自己放低，放到普通读者的认知水平上，然后来写作，以使更多的读者读懂我们的文章内容。

③我们写的东西要让读者觉得专业。

这点看起来和第二点很矛盾，其实它们是完全不一样的两个方面。真正的大师往往深入浅出，而半吊子作家往往喜欢卖弄一些名词。要想让读者感觉我们专业，不是去把文章写得晦涩难懂，而是要把晦涩难懂的东西讲得清晰明了。我们还需要通过一些如身份、经历等硬材料来介绍自己，只有读者觉得你专业，才会相信你讲的是对的，然后才会去传播。如果读者连你这个人都不相信，他们又怎么会相信你的话，并去传播呢？

我的很多学员在跟我学习自媒体写作时，都爱问这个问题：是写平台喜欢的文章，还是写读者喜欢的文章？

现在主流自媒体平台的文章有两种传播途径：一种是平台认可的文章，平台给你更多的曝光量，推荐给更多的人看；另一种是读者认可的文章，他们主动地去转发、传播。有的文章可能兼顾了平台和读者的喜好，但是最好选择以一种模式为主。

至于是选择平台认可的文章，还是选择读者认可的文章，主要看作者自己的选择，二者并无优劣之分。以下着重说明如何利用平台规则以及通过获取读者认可去更大程度地曝光我们的文章。

2. 尽可能增加文章曝光率

遵循平台规则

我们要用漏斗思维去建立你的数据模型，最了解规则的人，永远都是赚钱最多的人。

什么是漏斗思维？以公众号为例，读者在点开一篇文章后，最先接收的信息是标题，准确来说是标题前面的十几个字，所以最好把重点信息前置。然后就是封面和内容，读者点开文章之后，会根据自己的需要进行跳读，读者在文章的哪个部分跳出阅读，哪个部分就是转化读者的关键节点。

今日头条的漏斗则是文章的话题定位、标题、读完率。所以，大家要多去看自己的文章和标题在平台上呈现出来的各种数据，好的作者要根据平台的这些规则，一步步优化每层的转化率，以求让更多读者阅读到最后。

获得读者认可

如果你想让你的内容获得更多的读者认可，最重要的是要知道各个平台的读者调性。读者调性指的是这个平台是什么定位，能为读者提供什么价值。因此就会有这个平台对应的受众：受众大约处在怎样的年龄阶段，职业、经济水平、婚恋情况怎样，以及经常会遇到什么难题和痛点。只有了解到以上情况，你才能精准地提供适合的内容给这些读者。

这里有一个重点——读者不一定是一个精准的范围，他们也许是多个读者群体的交集。你越能细化这些读者画像，就越能选出爆款选题。

比如“麦子熟了”，它的文章主要集中在泛流量的社会话题上；而“小马宋”在建号以后，主要聚焦在垂直的营销领域，因此他们的粉丝就会特别精准，这也就意味着他们不适合给读者提供娱乐八卦的内容。而“新氧”是专做娱乐圈明星颜值分析、整容类内容的，这就意味着他们不适合给读者提供职场类话题。要想增强粉丝黏性，创作者对自己的定位必须是清晰的，而且需要用读者的语言去和他们交流，这就要求创作者适当地泡在读者的语言环境里，比如要想研究“00后”，就去逛B站，学习B站的用语和风格。总的来说，如果你想通过自己的创作获得收益或者引发读者的共鸣，你就要学会尊重市场、尊重读者。

很多创作者不明白为什么了解读者调性尤为重要，因为只要你想获得收益，内容就成了一款产品，无论它偏向于娱乐性还是严肃性，它都需要符合一款产品应有的特性。我们要用产品思维去生产我们的内容，这里可以用到三种思维。第一，你的读者是谁？就是读者的年龄、学历、收入、爱好以及在这个人生阶段他们会遇到什么样的喜悦和困难。第二，你面向什么市场？网络小说大神唐家三少曾经谈到过他的创作方法，他从来不去提升自己的写作能力，因为他的读者就是十几二十岁的青少年，一旦他的作品变得曲高和寡，就永远失去了这一块市场。第三，价值是什么？这里的价值主要分为情绪价值和知识价值。所谓情绪价值，就是要作为读者情绪的宣泄口或让读者认为与你产生了情感共鸣。知识价值指的是读者看完你的内容学到了知识。

文章类型

要想通过文章来获取读者的认可，就必须要明白自媒体文章的写作方法。

自媒体文章类型一般分为四大类，分别是观点文、故事文、干货文和信息文。在确定选题之前，我们需要明确自己写的文章属于哪一种类型。

第一，观点文。这类文章主要是社会的热点事件评论、影评、杂谈、情感鸡汤和笔记等，且这类文章必须具有这三个要素，即事件、切入点和观点。

什么是事件？“孙俪和邓超微博互发丑照”，这是一个事件；“李佳琦抖音涨粉两千万”，这也是一个事件。一个完整的事件由主语、谓语、宾语描述，且这个事件一定是一个动作，即谁做了什么事。

什么是切入点？就像切一个西瓜，你要明确从哪个角度切进去。确定文章的切入点就是要明确一个角度来切入这个事件，然后论述你的观点，比如“孙俪和邓超微博互发丑照”事件的切入点可以是“他们自黑，却让大批粉丝给出了好评”。再比如“杨幂走红毯”是事件，那么“脸美”“体态优美”就是切入点。这个切入点可以是一个结果或者一个状态，接着要从这个切入点出发引出观点，比如，事件“孙俪和邓超微博互发丑照，引起大批粉丝围观”→切入点“他们自黑却招人喜欢”→观点“喜欢自黑的人，最讨人喜欢”。很多人感觉文章写不下去，就是因为没有想清楚切入点和事件的关系。如果缺少了切入点，后面的观点就没有了支撑的论据，因为一定要有事件的切入点，这样才能引出你的观点。

什么是观点？观点也可以说是论点。论点的官方定义：作者对所论述的问题提出的见解、主张和表达的态度，它是整个论证过程的中心，明确地表示作者赞成什么、反对什么。简而言之，观点就是从事件中引出的一个立场。因此，作者在写文章之前就需要确立观点，否则，文章会显得毫无逻辑、言之无物。

第二，故事文。这类文章主要包含六个要素：时间、地点、人物、起因、经过、结果。故事的阶段包括序幕、开端、发展、高潮、结局、尾声。虽然故事文一般都有模板，但它的写作难点主要在于冲突的制造，人物血肉、人格的塑造，所以作者要想写好故事文，就需要不断地去挖掘矛盾、冲突，因为冲突就是故事的核心。在这里，我分享一个故事创作的经典模板)——英雄之路：平凡之路—冒险的召唤—拒绝冒险征途—接受召唤—踏上未知征途—天助神力—护身符—战友—试炼—决战—战利品—返乡之路—世界之王。此十三个阶段可根据情况增删设计，甚至可简化为“平凡的世界—踏入未知世界—完成挑战—荣归故里”四个大致阶段。

第三，干货文。这类文章的主要目的在于解决读者问题，而判断选题是否正确的唯一方式，就是看它有没有解决读者的具体问题。比如，读者提问“我看书速度很慢，怎样才能提高速度”，作者就要以解决读者问题为选题，比如，“如何快速阅读，提高读书速度”。整篇干货文可用以下三步骤完成，即痛点场景化——为什么、认知问题——是什么以及清晰明确的操作步骤——怎么做。

第四，信息文。这类文章是关于客观事实的知识，是客观世界中各种事物特征的反映。简而言之，对大量的新闻热点事件的介绍的文章就属于信息文。例如今日头条的热榜新闻事件就属于信息文。

以上讲解了四大自媒体文的概念和要素，接下来具体讲解如何定位选题方向。相信大家都有选题难或选题荒的时候，问题主要集中在不知道如何定位、不知道如何收集素材以及选题大众化上，接下来给大家讲讲如何攻破选题难的问题。

第一，文章的素材或切入的观点最好以热点为主，观点要独特、新颖。第二，选题要有社会话题性，自带立场和观点。这里的话题性是指文章的话题能够引起大家的讨论，比如“阿里P8程序员的征婚启事被嘲”事件，它实际上是男性对于家庭的需求和女性日益自由独立的思想之间产生的矛盾。第三，对于读者来说，文章要有价值，你的文章要让读者感到愉悦，引起读者深思或能使其习得技能，总之，你需要给读者一个价值输入。很多人在文章中只讲述了一个事件，但并没有表明自己的观点和立场，最后就以一句“这个事件真令人唏嘘”为结语，这种文章很难实现传播，因为没有立场，就难以引起读者共鸣，也就无法带来转发。第四，文章内容要切中读者熟悉的信息，比如你写黄铮，有很多读者不一定知道他是谁，但如果你写拼多多的创始人，大家就都知道了，因为大多数人都知道拼多多是一家做下沉用户的电商平台，这样就把一个不熟悉的人跟用户熟悉的生活场景联系到了一起。第五，多平台收集素材，如微博、微信公众号、今日头条，尤其是其中阅读量和点赞数高的文章，大家可对这些文章的素材进行整理、保存。

3. 爆文三大坑

标题党

很多早期的自媒体账号为了吸引眼球，喜欢用一些夸大、虚假的信息来扭曲事实。而现在自媒体平台对低俗、夸大和虚假信息进行了严厉打击，这些情况一经发现，即影响整个账号的质量和评分，所以千万不要成为标题党。

章节标题不规范

标题用词用字要正确，不能含有错字、别字，否则会令读者对作者的写作水平和专业态度产生怀疑。比如《乘客已道歉，司机却不依不挠》中的“挠”是错字，应该改为《乘客已道歉，司机却不依不饶》。

标题信息应表达充分，好的标题应该起到画龙点睛的作用。如果标题让读者不知所云，那么，读者也就没有兴趣继续阅读文章内容了。尤其是随着自媒体人数量的增加，内容的同质化越来越严重。所以如何用准确、有趣的标题来吸引读者点击阅读，就变得尤为重要。一些标题完全让人看不出内容是什么，就很难吸引读者点击。正确的方法是根据题材就事论事，好好说话。

标题中要使用文明用语，一旦含有侮辱、谩骂性质的词语，或者带有性别、地域、身份歧视的词语，会直接降低在读者心中的好感度。毕竟社会本身就是多元化的，任何带有侮辱性质的词汇，都可能冒犯到一个群体，同时，也就意味着你主动放弃了一部分潜在读者。

标题还应避免涉及敏感词汇、敏感话题，切忌触碰法律法规红线，因为一旦涉及以上情况，标题的审核就难以通过了。

标题与内容无关联

（1）避免过于夸张的标题

作者在取标题时应该客观陈述文章内容，不要刻意造谣，夸大事实。大家要记住标题党是走不长远的，因此标题的规范尤为重要。比如《从武汉撤出后，这群俄罗斯人被流放荒野……》这一标题属于扭曲和夸大事实的标题。本篇文章的内容是新型冠状病毒肺炎疫情期间，在华的俄罗斯人回国后被送去西伯利亚附近的秋明市疗养院进行隔离，主要讲的是他们在疗养院里如何吃饭、健身、自娱自乐，所以“流放荒野”属于无中生有、耸人听闻。具体改进方案：《从武汉撤出后，这群俄罗斯人在西伯利亚自娱自乐》。

（2）避免故弄玄虚的标题

在取标题时，不能隐藏文章内容的关键信息，或者为了利用读者的猎奇心态，故意营造强烈反差或刻意营造悬念。如果文章内容不能很好地解答标题中的疑问，没法自圆其说，就会让读者产生强烈的心理落差，即使点开了文章，他们也无法坚持看完。

（3）避免制造焦虑的标题

标题不能用制造恐慌、故意挑衅和贩卖焦虑等方式诱导读者点击，因为这么做的次数多了，会引发抵触，从而会产生看见就忽略的反效果。比如《姚晨、马伊琍跪地痛哭：女人这辈子，太难了》这一标题，主要利用两位演员在电影中的角色，故意制造极端场景，很容易引发读者焦虑。标题仿佛在向读者隐隐表达，姚晨和马伊琍都这样了，普通女性还有活路吗？文章在讲女性问题，虽然有卖惨的成分，但我们也要尊重作者表达的权利。只是，不必为了吸引眼球，而无端刺激广大女性了。具体改进方案:《女人这辈子难不难？看看〈找到你〉中的姚晨和马伊琍》。

（4）避免引起歧义的标题

标题不可用一些模糊不清的字眼，或刻意制造歧义，吸引读者阅读，因为一旦文章内容与标题所描述的差别极大，会有适得其反的效果。比如《著名LOL玩家和DOTA玩家互斥对方不算男人，现场数万人围观》，这篇文章的内容是周杰伦和林俊杰合唱《算什么男人》，标题以LOL和DOTA玩家指代两位歌手，但两人此时显然不是LOL和DOTA玩家的身份，而这两款游戏的玩家也未必是这篇演唱会报道的目标读者，他们被吸引进来只会产生被欺骗的感觉。具体改进方案：《周杰伦、林俊杰，“算什么男人”》

（5）避免与内容不符的标题

如果标题和内容描述的主要人物或事件不一致，就会造成读者对内容的误解。生搬硬套，强行蹭热点，与内容毫无关系的标题，会让读者产生被欺骗的感觉。

（6）避免封面图片与标题不符

封面图与内容不能完全不相关，否则读者看到后会感到难以理解，会让读者认为作者很不专业，从而放弃继续阅读的想法。

第七章

忠实的粉丝是自媒体发展的核心

自媒体的核心是要满足读者的需要，而粉丝又是读者的核心，所以做自媒体一定要了解粉丝的深层次需求。只有掌握了粉丝的需求，并根据粉丝的需求进行创作，才算做好了自媒体运营工作。

1.粉丝需要存在感

现代社会大众的价值观已经发生了巨大的变化，每个人都希望得到关注，都在试图发出自己的声音。展现自己的特色，是从人群中脱颖而出最好的方式。如果你要做自媒体，那么你就要让你的粉丝发现你是有个性的，你是独一无二的。现在，越来越多的年轻人会通过互联网平台来展现自己的个性，展示自己的魅力，这已经成为他们生活中很重要的一部分，同时也是他们重要的社交方式。

随着社会的发展，越来越多的年轻人已经不仅仅满足于物质层面的需求，他们更关注独立自主的思考。转发或者引用自媒体中有深度、有内涵的文章，已经成为现在年轻人彰显个性的普遍方式。

作为自媒体人，我们要能够给我们的粉丝提供超越他们同龄人或周边伙伴水平的观点，提供给他们更加全面和更有深度的分析问题的视角。这些观点和视角，会让他们在自己的社交圈里产生优越感，提高存在感，同时在思想层面，也可以帮助他们塑造自己的个性，从而吸引更多人的关注。接下来就让我们分析一下，粉丝的这种存在感是如何产生的，以及如何对我们的粉丝产生吸引力。

“晒”是人类的本性

现在越来越多的年轻人喜欢在社交平台上展现自我，从早些年的晒自拍，到最近流行的晒EDC（“Every Day Carry”，每天都会携带的物品），从晒装修到晒娃，似乎人们越来越喜欢在互联网上晒出自己生活的点点滴滴。每个人都希望自己能够展现出比别人优秀的一面，或者和别人不一样的一面，从而获得更多的赞美和关注。这和传统意义上内敛而又含蓄的中国人的性格，有着明显的区别。为什么如今年轻人的个性会发生如此巨大的改变呢？

智能手机让“晒”变得如此简单

现在的年轻人，可能很难体会没有互联网年代的生活，以及那个年代要“晒”一个东西所需要的成本。如果你是一个摄影爱好者，或者一个书法爱好者，在几十年前，只有参加比赛，你才有可能将自己的作品展现出来。所以要想展现自己，除了刻苦练习之外，那时的人们还需要等待时机。你要在举办比赛前，按照评委的要求准备好作品，然后将作品邮寄给主办方，之后会进入漫长的评审阶段。然而即使经历了这么烦琐的过程，你的作品也很有可能没有出头之日，因为只有获奖的作品，才有可能在参赛现场展现给他人。

我们可以看出来在那个年代，展现自己有两个前提：一是有拿得出手的高质量作品；二是有时间去发布和传播这些作品。所以在没有实现技术大普及的时代，想要完成一件高质量的作品，并且展现给大众，是一件成本非常高的事情。对于普通人来说，几乎是一件不可能完成的任务。

然而，随着智能手机的出现和普及，越来越多的作品，可以从专业设备转移到手机上来完成，这样就使得作品的创作和发布工作变得相当容易了。以前摄影、化妆、修图都是非常专业的事情，现在大家只需要对着自己的晚餐进行简单的拍摄，然后用修图软件进行调整，就可以获得效果非常不错的作品了。有了轻松创作高质量作品的条件，普通人也有了展现和分享的基础，让作品展示不再是少数职业艺术从业者的专利。

移动互联网把这个世界变平行了

仅仅有作品还是远远不够的，我们还需要让更多的人通过更多的途径了解我们的作品。移动互联网的出现，让我们摆脱了办公桌和台式电脑的束缚，我们可以随时随地通过移动设备连接互联网，发布并接收更多的信息。

移动互联网技术的出现使得整个世界变平行了。人与人之间的信息传递，不需要通过汇总、评判、再分发，而是实现了点到点的平行传递，从而把发布者的作品迅速送达到另外一个陌生人的手机上。这显然不同于以往发布作品必须借助展会、报纸等传统渠道的时代了，在那个渠道稀缺的时代，大家都非常珍惜每次的机会，会尽可能通过这些渠道去传播最为优秀的作品。而现在，我们再也不用为渠道而发愁，我们有足够多的渠道，让作品可以以较低的成本进行传播。技术上的发展使得我们每个人的作品都有了传播至大众面前的可能。

一个作品，往往需要离开一定的生活空间才能产生更好的传播效果，譬如在大海中捕鱼的场景，对于一个长期生活在海边、对捕鱼过程司空见惯的人来说，就不是件新奇的事，而对于一个在深山中长大的人，同样的场景就可能会对他产生强烈的视觉冲击；一个专业学舞蹈的表演者，他的周围都是相关的从业人员，所以他的舞蹈表演并不一定会让周围人觉得有什么值得称赞的地方，但是如果给普通人看，他们可能就会觉得表演得很优秀，值得称赞。移动互联网让作品发布变得更加容易，传播范围更加广阔，人们通过自媒体，多了更多看世界的视角。

内容平台就是内容生长的土壤

随着智能终端的普及，作品的制作变得越来越容易；随着移动互联网的普及，个人作品的发布和传播逐渐变得越来越容易；随着移动互联网社交平台的出现，个人作品的分享开始流行。我们发布相关作品的时候，根本目的还是希望得到别人的认同，从别人的称赞中获得快感。当然，如果相关作品是简单的、没有深度的，那么，我们既得不到任何的反馈，也不会引发大众的兴趣。

传统的社交平台只会将我们的作品传递给我们周围熟悉的人，而内容平台的出现，使得我们上传的内容可以传播给不同地理位置、不同年龄阶段、不同文化背景的人，因此，内容的发布者不需要思考自己的受众到底在哪里，只需要考虑如何制作高质量的作品，就有机会得到大家的认可和关注，吸引到相应的粉丝。同时我们的粉丝通过转发我们的作品和观点，吸引同样认可这些观点的人成为他的粉丝。

套用现在比较流行的社交货币的概念，我们来创造、发行社交货币，我们的粉丝使用这些社交货币去“购买”他的粉丝。谁能创造出来社交货币，谁就有更强的“购买力”；谁可以“购买”到更多的粉丝，谁就能够在自媒体这个领域成为霸主。

现在主流的内容平台本身也发生了巨大的变化，早期内容平台是向内容发布者或者内容阅读者收费的。而现在的内容平台往往提供免费的内容，通过广告来获取收益。免费的模式使得内容发布者和阅读者变多，作品更容易传播。同时内容平台只做土壤、做舞台，来承载各种优质内容，并不做裁判，判断什么内容能火，所以个性化的作品层出不穷，彻底激活了大众的创作热情。

展示个性和特色，是人类的本能

（1）生物学

看到这里，可能很多朋友要问，为什么越来越多的人希望自己变得有个性，变得有吸引力。这可以从多方面来进行解释。以下是个人从生物学的角度进行的解释。在自然界，生存是第一位的，而想生存下去，就必须获得一定的资源，在竞争激烈的环境中，获取资源永远是一件困难的事情。为了更好地生存下去，就必须不断地通过自己独特的优势来获得相应的资源。我们有这样一句俗话："会哭的孩子有奶吃。"这就属于典型的在资源有限的情况下，通过吸引父母的关注，来获得更多资源的方法。很多生物在幼小的时候就已经知道，必须通过发出声音来吸引父母的注意力，以获得更多的食物，这样自己才能生存下去。

物竞天择，适者生存。为了在竞争激烈的自然界找到生存下去的方法，经过一代又一代的繁衍生息，生物们也发现了适合自身的、独特的展示自己的方法。大家都知道，雌狮和雄狮的外貌有很大区别，雄狮一般都有漂亮的鬃毛，研究发现有漂亮鬃毛的雄狮更容易得到雌狮的青睐、更容易找到配偶。对于孔雀来说也是一样，能够开屏的孔雀都是雄孔雀，而且越美丽的雄孔雀越容易寻找到配偶。不管是雄狮，还是雄孔雀，它们都是通过展示自己的特长和优势，凸显自己和其他雄性的区别，找到交配对象，繁衍生息，将自己独特的基因延续下去的。

一旦失去关注，那些幼小的生物可能会因为无法得到父母关注、无法获得充足的食物，而面临被饿死的风险。那些雄性动物会因为得不到雌性动物的关注，而面临无法延续自己基因的风险。为了降低以上风险，它们必须通过不断地展示自己来获得关注。大家都知道，第一印象很重要，相亲时，为了获得相亲对象的认可，或者面试时，为了得到面试官的青睐，很多人都会异常关注自己的穿着打扮。因为在我们的潜意识里，只有让自己变得更加引人注目，才能获得更多的资源。

很多人都在追求的存在感，其实就是我们通过展示自己而给别人留下的印象，正面的存在感可以帮助我们获取到更多的资源、更好地生存下去，同时这些还会影响到下一代。展示自己其实就是深深烙印在我们基因深处，生物个体希望生存下去的本能。

（2）社会学

现实社会中人们的生活压力越来越大，普通人在现实生活中获得认可的难度也越来越大，所以能够以低成本获取存在感的互联网，成了他们释放压力最好的场所。在这里他们更容易跨越地域、年龄的限制，去展现自己的个性，享受这种存在感。从某种意义上来说，存在感就是一种安全感，它能够证明自己存活于世界上。在现实生活中，工作越来越繁重，压力越来越大，人们也就越来越喜欢在互联网上的虚拟世界里，去寻找个体的价值和意义。

存在感对于生物个体来说是如此重要，但是在现实生活中想要获取却是异常困难。有很多东西，是先天条件决定的，后天很难去改变；而一些技能或特长需要经过大量刻苦训练，并不是普通人所能轻易掌握的，譬如掌握一门乐器，掌握绘画技术等，都需要花费大量的时间去练习。

在现实社会中，有些人具有名牌大学身份，具有不错的收入，拥有豪车等，普通人获取这些东西并不容易，于是越来越多的人在互联网上去寻找廉价的解决方案。我们可以看到大量的网游提供了购买装备、皮肤等功能，社交网络也往往会提供各种空间，可以由你去装扮。这些都是把在现实社会中需要长时间积累才能够完成的事情放到互联网上，让人们付出极小的成本就可以获取现实生活中不易获取的东西的典型案例。

直播是典型的靠着存在感而兴起的一个行业，对于很多普通人来说，在现实社会中去认识一个名人并且跟他对话，几乎是不可能的事，而在直播中，很容易就会被主播点到名字。这种收获存在感的强烈体验使得大量的普通人沉迷于直播中。

那么对于我们这种以内容创作为主的自媒体人，该如何利用这种参与感，获得更多粉丝的支持呢？我觉得最重要的就是给粉丝们提供彰显他们个性的素材。这就是我们经常说的，内容中一定要有价值增量，只有在作品中体现出价值，我们的受众、我们的粉丝才会从我们的作品中获得我们发行的“社交货币”，他们才可以拿这些素材在自己的社交群体中彰显自己的能力，获得更多的关注，从而体现自己的存在感。

只有持续为我们的粉丝提供有价值的内容，帮助他们在自己的社群中获得更多的关注，满足他们的存在感，使他们产生参与感，才能够真正将这些粉丝聚集在我们的周围。当你无法为粉丝提供价值增量时，你也就失去了这些粉丝，并慢慢地从互联网中消失。有很多明星过气的原因，就是因为他们逐步失去了“社交货币”的价值和作用。当大家并不想知道某个明星更多的新闻时，那么他就会慢慢淡出互联网。

2. 粉丝需要参与感

自媒体的核心就是自己创作和自己传播，再通过粉丝评论、点赞等方式，进行内容的二次创作，同时利用粉丝的转发、收藏进行传播。

和粉丝保持互动

自媒体的运营在很大程度上就是对粉丝的运营，粉丝是自媒体运营的重中之重。做过自媒体的人都知道，粉丝带来的收益要远远大于非粉带来的收益，比如一篇文章，粉丝阅读量会是非粉阅读量的几倍。所以刚开始做自媒体的时候，大家做的第一件事就是发展自己的粉丝。但是光有粉丝还是不够的，还需要保持粉丝的活跃度，也就是让粉丝动起来。如果你有1000个粉丝，但是只有一个粉丝关注你的各项动态；另一个人有100个粉丝，但是有99个活跃粉丝，显然另外一个人粉丝的忠诚度较高，带来的收益也会更高。

大家在观察大V或者明星微博等的时候会发现，他们会和粉丝保持长期互动。有很多人会通过抽奖、发放一些福利或者宣布一个话题让粉丝参与等方式，提高粉丝的活跃度。这样当他们发布一些需要粉丝参与的事情时，才能迅速得到粉丝的回应，他们会根据粉丝的不同回应去采取不同的措施，这样可以在很大程度上提高粉丝的忠诚度。

我们做自媒体其实也是一样的，在很大程度上，粉丝运营需要重点考虑的不是涨粉，而是保持粉丝的忠诚度。提高粉丝忠诚度的一个关键因素是让粉丝动起来，让他们有参与感，积极参与到你的各项创作之中。在自媒体运营中，有很多的方式可以让粉丝动起来，比如，让粉丝参与确定作品的选题；发布一定的话题，引导粉丝积极讨论；发布一定的内容，通过有奖转发的形式，让粉丝积极转发；及时回复粉丝的留言，让粉丝有种受到关注的感觉等。这些方式会让粉丝获得参与感，能够让粉丝觉得自己在这个圈子里面是受到重视的。同时还要制作和发布适合自己的内容，选择适合自己的，这样他们才会长久地留在你的社群里面并且会积极参与到粉丝的建设中。

做粉丝运营，一定要注意保持和粉丝的即时互动。当你因为某些原因未能及时创作的时候，那你一定要注意及时联系粉丝，不要让他们长久地处于干等的状态。特别是新粉丝，如果他们关注你一段时间之后，没能得到你的关注和互动，也没有机会参与到你的创作过程中，那么他们很容易就会成为其他能够给予他们关注的人的粉丝，因为他们也会追求被关注，也会追求在社群中有自己的地位，有自己的发言权。

给粉丝一个身份

我不知道大家有没有想过一个问题，为什么我们建立一个组织或成立一个团队时，一开始就要选择一些人来担任一些职务。比如我们新到一个班集体，需要选择一些同学担任班长、组织委员和课代表等这样一些职务。这是因为在一个陌生的集体里，人们是不好意思开口去表达或者管理一些事情的。只有给予他们一些身份上的认可，他们才便于去表达和倾诉自己的一些观点，这就是我们常说的“名正言顺”。如果没有一个明确的身份或定位，就去发表一些言论，很容易被其他人攻击或者无视。

多年的生活经验会让我们不愿意去做自己职责以外的事情，所以，如果想让粉丝积极参与，第一件事就是给予他们一个身份，让他们可以去参与到这样或那样的讨论中。所以身份既是一种认可，又是一种责任，是我们可以轻松给予粉丝的一种奖励。

一些明星的粉丝团体，他们的分工会非常精细：专门有人去发帖，专门有人去组织内容，以及专门有人去组建渠道等。只有进行了详细分工的粉丝群体，才能够积极主动地按照集体所安排的身份和角色去执行自己的任务。同时身份是加入一个组织最好的烙印和印记，拥有一个身份可以使他们对整个组织产生强烈的依赖感和归属感，他们就会更加认可这个组织。所以我们可以通过这种身份的提升，来提高粉丝的成就感。

鉴别一个组织的粉丝运营做得好不好，最主要就是看这个组织有没有详细的相关组织结构和岗位职责。这其实跟企业管理是一样的，如果我们在企业中对每个人的要求是，你看到什么做什么，那么很多事情往往是没有人做的。而分工越精细的企业，它的工作效率越高。我们的粉丝中间有很多是新人，他们进来以后往往比较迷茫，困惑于如何参与到集体中，往往不知道该如何去贡献自己的力量。我们只有通过一套明确的组织结构和岗位职责，才能够最大限度地发挥粉丝们的力量，才能让他们在整个组织中获得成就感，并对组织产生依赖。

我们通过对粉丝进行身份标识，还可以鉴别粉丝的特点、特长及现在的状态。我们可以根据他的特点和特长给他安排适合的工作，让他获得更多的关注和参与感。对他的特点，我们可以进行有针对性的关注和关照，提供给他所需要的咨询和帮助，让他获得更多的关心。所以要想让粉丝积极地参与到整个互动过程中，第一步就是要给粉丝一个身份，让他可以加入整个组织机构。

粉丝需要参与的机会

我们在上一部分讲到，只有给粉丝一个合适的身份，他们才会更加愿意到群体中去发表自己的言论。为了让他们主动发表适合自己身份的言论，我们不仅仅要制造身份，还需要制造足够清晰的场景和任务，去与我们的粉丝交流互动。

在心理学上有一个“责任扩散效应”，指当发生了某种紧急事件时，如果有其他人在场，那么在场者所分担的责任就会减小。举个简单的例子，比如你现在需要离开一下，让周围的人帮你看管包包，如果你跟一群人说“请帮我看一下包，谢谢”，这个时候大多数人都不会帮你看管，或者当你的东西被拿走的时候，不会出面制止。而如果你指定了一个人帮你看管的话，那这个人就会有种责任感，当出现你的东西被人拿走的情况时，大多数人会出面制止。同样地，当我们遇到危险，需要求救的时候，仅仅呼喊“救命”，是不会有多少人出手救你的，而如果你清晰地指出“请那位穿白衬衣戴眼镜的年轻人帮我一把”，那么会有极大的概率得到他的帮助。

为什么会出现这种情况呢？这是因为当有多人存在的时候，平摊到每个人身上的责任就会变小，他们会觉得在这个集体之中，自己不应该成为承担主要责任的人。但是如果他被点到名，或者被单独要求完成任务的时候，绝大多数人都会尽力满足该要求。所以在我们给了粉丝一个身份后，还要创造出很多场景，让他们去完成和自己身份相关的任务，从而让他们产生兴趣并积极参与。

譬如，我们可以发布一些独特的选题，并发布一些修改、编辑等可以互动的任务，然后交给不同的人去完成这些任务。在这种情况下，每一个粉丝都会清楚自己在这个作品的制作过程中扮演什么样的角色，哪怕他并没有贡献自己的力量，仅仅只是参与或见证了这个事情，他仍然会产生强烈的参与感。粉丝在一个集体之中，有明确的角色分工，参与和完成了一个任务，当集体交出了成果，他就会体会到一种参与感。

当然如果个体能够参与完成一些任务的话，他的参与感会更强烈一点，所以我们要把集体的成果分配给每一个人，让每一个人都觉得，整个集体创造出来的成果，是有自己一部分贡献的，从而满足他心底对于存在感及参与感的需求。

我们要记住，参与感的产生主要依靠两个要素：一是要创建一个任务出来，让粉丝结合自己的身份去完成它；二是要对他完成任务给予肯定和表扬。这是满足感产生的全过程。在具体的实战中，如果我们并没有能力去组织粉丝交流会或者相关活动，我们至少要做到一点，就是认真回复每一条留言。无论这些留言是善意的还是恶意的，是正面的还是负面的，你都要积极地认可对方对你的付出。这样，他们就会更容易变成你的粉丝。

社群体系的建立

前面我们讲了如何在战术层面让粉丝产生参与感，接下来，我们来介绍如何在实际操作过程中让粉丝产生参与感。让粉丝产生强烈参与感的过程，其实就是整个社群体系和规则建立的过程。一个粉丝社群，建好之后，一定要为这个社群制定一套规则，否则可能就会陷入混乱之中。

规则的建立，如果不是全员参与，那么在最后的执行过程中，也会变得非常麻烦。让粉丝们参与整个社群规章制度的建设过程，既可以让他们获得极其强烈的参与感，又能够让他们在之后的过程中心甘情愿地去执行这些规章制度。我们所说的参与规章制度的制定，并不一定是说让每个人提出具体的观点，可以采取投票、意见征集和询问等各种方式，让粉丝们在此过程中觉得自己有参与、有贡献，这样他们就会对这个规章制度有强烈的认可感。

我们经常使用投票的方式来制定制度，就是因为这是在大家的共同参与下制定出来的制度，在后续的执行过程中，该制度会更加容易得到大家的认可。粉丝在日后提到这件事时，也会自豪地说："这件事我曾经也参与了。"因为是自己参与投票选出来的，粉丝也会有种成就感。

除了规章制度的建立需要全员的参与，规章制度的调整同样也需要。随着社群的不断扩大，人越来越多，早期制定的规章制度在社群发展到一定阶段之后，可能就不再适用了。这个时候就需要对早期制定的规章制度进行调整和修改，这个过程可让后加入的粉丝产生参与感。后加入的粉丝没有参与到制定过程，可通过不断地调整和修改过程，让新进来的人参与到整个制度的完善过程。

还有一个能够让粉丝产生参与感的途径，就是规章制度的执行。当有人违反制度的时候，一定要让全体人员参与到对制度破坏者的谴责和制裁的过程中，这个过程是最容易让粉丝产生强烈参与感的过程。大家通过执行自己制定的规则，去制裁那些破坏规则的人，自然会使绝大多数遵守规章制度的人被群体所同化。在他们捍卫自己权利的过程中，会产生强烈的参与感。综上所述，整个社群规章制度的建立、调整、修改和执行，一定要让全体的粉丝充分享受整个过程的参与感，这也是社群建立的重要环节。

传播和纳新

在生物学上，有两件事情是生物体最为关注的，一个是生命的创造，一个是生命的延续。同样，对于一个社群来说，社群的创造和延续是社群中每一个人最为关心的事情。前面讲到的社群规章制度的建立和修改，可以认为是社群的创造，大家邀请其他人加入社群，就是社群的延续，这也是最重要的事情之一。

一个社群要想延续下去，必须依靠社群中的每一个人，去尽可能多地邀请新人加入。这个过程就需要社群里的每一个人，去对外介绍自己的社群到底是干什么的、加入会有什么样的好处。介绍的过程，能让粉丝产生强烈的参与感。在心理学上，有一个学术名词——承诺心理，当我们在公开场合对第三方讲出一些话语的时候，我们往往自己也会更加信任这些话。比如我们在减肥的时候，就要尽可能地告诉更多的人“我要减肥”，这样我们会更加克制自己的饮食，同时克服困难去进行更多的锻炼，因为我们在公开场合让更多人知道了我们的计划，所以我们更容易坚持执行这个计划。

在宣传社群的过程中，每个人在介绍自己社群优势的时候，会不断强化这种想法，这样粉丝对社群的认可，就会越来越强烈。同时，新人是因为他而加入的这个社群，这就会使得他更加忠于这个社群，他必须要为因他加入社群的人负责任，所以不到万不得已的情况，他都会坚持留在社群中，并且去黏合那些他所带入社群的人，形成一种树状结构。

对于树状结构的组织来说，只有从节点处不断裂变、延伸出去，才是有生命力的组织。每一个节点和子节点反复交互的时候，自身就会产生强烈的参与感，明白自己在一个组织中做着一些有意义的事情，会不断强化对组织的认可，所以纳新不是简单地邀请人加入社群，而是让我们的社群变得越来越好、变得越来越团结，可以让社群里的人感觉到自己参与到了社群的发展壮大过程，从而达到心理上的满足的一种行为。

积分和兑换

粉丝群体的行为，除了建立完善社群的规章制度和纳新这两件有明显产出的工作之外，其实很多并不能有明确的产出。那么为了激励粉丝，让粉丝对于自己的贡献有充分的认知，我们需要搭建起积分系统和兑换系统。我们要对粉丝在社群内做的事情，给予一定的积分奖励，这样粉丝可以看到自己为社群做的贡献，把不好量化的工作和不容易看到成果的工作，通过积分的形式展现出来。而积分兑换，指的是拥有了积分以后，兑换一定的奖励，而这个奖励换取的过程，将再次激起粉丝的参与感和荣誉感。实际上积分体系和兑换体系的建立，往往更多的是起到激励性的作用。比如，在航空里程的兑换系统中，只有20%的人会把自己的航空里程兑换成实际产品，更多的人会把自己的航空里程当作一种可炫耀的东西展示给伙伴。

同样，社群内的积分和兑换系统并不是要真的用钱去奖励粉丝们的行为，或者用货币去购买他们的服务，其真正的目的是认可他们的行为，所以我们在兑换上并不一定要用一些价值很高的物品，可多采用一些能够彰显社群独特文化的物品。譬如早期我在微软工作的时候，积分可以兑换带有微软Logo的杯子、衣服和文具等一系列物品。所以设计一些带有社群Logo的生活用品是不错的选择，既实用，又可以连带着宣传社群。

除了积分和兑换系统之外，我们还可以鼓励我们的粉丝参与创作。进入社群的粉丝，他们往往怀有强烈的对某一个明星的喜爱或者对某一个话题的热爱，如果我们可以让粉丝参与到文章的选材、发布工作中，对于粉丝来说，这是一种极大的认可。不管是积分兑换还是作品创作，其目的都是认可粉丝在社群中的贡献并给予其奖励，让粉丝产生强烈的参与感。

3. 粉丝需要归属感

粉丝需要一个心灵的家园、一群具有共同目标的伙伴、一个有精神寄托的地方。哪怕这个世界上的人都不理解他，但在这个小群体里，他是有理解自己的伙伴的。

价值趋同

（1）越小越集中

不知道大家有没有经历过这样的情况，我们由于某种原因被拉到了一个大的微信群中，群里面可能会有数百人，一开始，群里面非常热闹，大家共同交流着同一个话题。但是慢慢地就会发现，对于同一话题，大家的喜好会有所区别，渐渐地这个大群就会分裂成很多小群，大家会基于这个大话题找到自己更感兴趣的那些小话题去继续讨论，并且这种小群会再次分裂，分裂得越来越小。

譬如一部电视剧里面有非常多的角色，我们并不能保证，群里面的所有人对所有角色的看法都是相同的，那我们在讨论的时候难免会发生争执。慢慢地，对角色或者剧情有相同看法的人就会聚集在一起，形成新的社群。现在最流行的社区团购也是一样的，在早期，可能我们基于某一个区域范围就可以形成一个团购群，进行集中采购，而经过一段时间以后，越来越多的社群组织者出现，会以小区甚至以门店为单位，进行更细小的划分，来为这些人提供更专业和更精准的服务。

除了按地理位置细分，大家可能还会因为对价格的接受程度、对食物的喜好程度，甚至作息时间等不同组建更小的社群。所以在未来的粉丝群的设定过程中，细分程度会越来越高。

我们要记住，只有一部分特定的群体可以成为我们的粉丝，我们千万不要贪大贪多，建立目标广泛的粉丝群体。在我们做粉丝运营的初期，由于人手不足，我们只能通过有限的服务，去服务最应聚焦的那一批人，才能产生最好的效果。

让粉丝产生归属感的首要工作就是为他们提供个性化服务并塑造精准的价值趋同，让他们觉得在这个地方能够获得比在其他地方更多的归属感。这样他们自然而然就会产生家的感觉，愿意停留在我们这个群体之中。

（2）越小越牢固

我们在前面讲到，一个大的组织会不自觉地被切分成一个个更小的单元和组织，而且小的单元、组织之间的沟通，反而更加紧密。不仅仅在互联网上是这样，在现实社会中，其实也会存在这样的现象。譬如我们在国外遇到了中国人，就会觉得特别亲切；如果我们在国内遇到了同一个省份或同一个城市的人，就会觉得非常有缘分，如果你们刚好还住在同一个小区，那你们之间的感情就会得到升华。除了同乡，我们还有同学、同事等，这样的标签会使我们迅速地从陌生人中间选出跟自己更加亲密的人群。

为什么我们跟我们的同乡或者同学之间感觉更加亲密呢？这是因为我们之间产生共同“担保人”的可能性相较其他人来说更大。根据六度人脉理论，人和人之间最多通过6个人就可以相互认识，但是实际上，我们成为校友或者同乡之后，往往只需要1~2个人就可以完成这样的连接。我们共同的朋友会成为我们彼此信任的“担保人”，使我们彼此之间的信任建立得更加迅速和牢固。

同样的经历会使我们的价值观更容易趋于一致，容易在事情的决策、分析和判断等上面，产生共同的想法，这会给我们带来极大的便利。所以我们在做社群中的粉丝运营的时候，一定要建立小而专的圈子，以寻求更多的共同标签，这样才能使群体的价值观更加接近，我们在提供服务的时候，就会更加精准和统一，效率也会更高。我们提供一份内容时，这个社群中每个人的满足程度可以达到80%~90%，而如果我们在一个较大的社群中，我们提供一份内容时，群里面的每个人的满足程度可能只有20%，这样虽然看起来覆盖的人更多，但实际上达到的效果更差。另外，当我们是一个较小的团体的时候，如果其中一个人受到了别人的攻击，那么整个团体会有同仇敌忾的感觉，共同进行反击。因此，一个小的社群，往往具有更强的活性。

（3）不断自我优化

在我们建立了一个小而专的社群之后，接下来要做的事情，就是不断地提高自己为社群提供更多增值服务的能力。当某类专精于一个领域的人聚集在一起时，他们不一定能够很好地表达自己的观点和想法，但是他们与这个领域的话题关联性很强，会大量收集和阅读跟这个领域相关的信息。如果你仅仅提供常规信息，那么这种内容的价值将非常有限，可能只是节约了他们去寻找的时间。所以在这样一批专业读者面前，你必须提供更深层次的、有价值增量的信息，这样才能维持你的粉丝的忠诚度。

我们来举一个现实中的例子，譬如我们会在很多地方看到潮州餐馆，由于是在异地他乡，在这个地方的潮州人，看到这里开了一家潮州餐馆，很快就会被吸引过来。所以，我们的定位越精准，吸引力就会越强。如果我们开一家广东餐馆，可能会吸引更多地方的人，但是，它的吸引力就不如定位更精准的强。

当我们把人吸引过来以后，我们所能提供的是不是真的能满足潮州人的口味和喜好呢？如果我们提供的饭菜还不如他们自己做的饭菜，那么这家餐馆，之后可能就不会再吸引多少人了。如果这家餐馆定位又精准，又提供了高质量的潮州风味饭菜，那么它就会成为这个区域内潮州人聚集的一个“据点”。所以我们通过聚焦的形式，建立起一个小众的餐厅之后，就要努力为这个群体提供高质量的服务。

只有达到了以上这两项要求，我们的粉丝才会产生家的感觉、产生真正的归属感。其实归属感的产生也非常容易，尽可能多的同类标签就可以把人聚集起来，但是很多人只注重了“聚集”这一件事情，只是发布了很多标签，而没有真正提供相应的服务和价值。这样做粉丝的归属感很难建立起来。

建立共同的精神家园

（1）投名状

之前的部分，大多数讲的是自媒体运营方所做的事情，但是任何一件事情，仅仅有单方面的付出，都不会长久，所以我们也必须让我们的粉丝付出，而且他们付出得越多，他们在群体中的稳定性就越强。如果一个人在这里没有付出过任何东西，那么他转身就走的概率就会非常高。

在这里，我们首先要提的就是“入群的门槛”。相信大家都知道，《水浒传》一书中有一个很重要的东西叫“投名状”，也就是说需要做一件事情，来证明自己愿意加入这个组织。同样地，我们在做社群运营的时候，也一定要设定一个交“投名状”的过程。在互联网上，这方面做得最好的就是哔哩哔哩（B站）了，这体现在它设置了非常复杂的入站考试。

传统网站只需要提供一个手机号码就可以注册成为会员，为什么哔哩哔哩要设定一套试卷来为难他们的用户呢？实际上哔哩哔哩具有非常强的精神家园建设属性，创立者认为一个人如果在入会的时候不愿意付出一些东西，那么就不是他们真正希望聚集的人，及早把他们筛选出来，对于组织的纯洁性和生命力更有意义。

早些年在和其他网站PK的过程中，这套试卷极好地确保了网站会员的单纯性，大量想进入哔哩哔哩的人，都因无法做对试题而被拒之门外。用户做完了这套试卷后，因为投入了精力，就会非常珍惜这一份来之不易的成果，对自己哔哩哔哩会员的身份，会感到更具有价值，和那种只登记一个手机号就可以获得的会员，在心中的认可度是完全不一样的。

所以大家在运营社群的时候，一定要敢于设定入群的门槛。只有比较合适的门槛，才会使我们的社群变得更加聚焦、更加专一，同时赋予其奖励属性，激励那些进入社群的人，让他们珍惜所获得的机会并且产生一定的优越感。能够轻易得到的，就不会被珍惜。同样一个事物，获得难度的差异，会影响人们对其价值的感知。比如一些稀有水果，未必比普通水果具备更高的营养价值，仅仅因为其数量稀少、难以得到，就抬高了人们对其价值的感知。

（2）为共同的愿景服务

组织的发展愿景对于整个群体来说是一种强大的精神力量，引导群体继续存在和成长。如果使用不当，就会成为强加给他们的声音，就像一些企业强行灌输企业文化，每天刻意去做一些员工训练。如果使用得当，则可以有效增强用户的参与感，使用户在参与组织愿景的实现过程中，产生强烈的归属感。

在经营一个粉丝社群的初期，大家本着共同的爱好和想法聚在一起，因此，很容易在群体内自发形成一致的组织愿景，可能是一起讨论一个IP，或者共同给一个明星加油，甚至只是简单地赚取一点零花钱，增加一点副业收入。大家在一起完成目标的时候，是具有极其强烈的参与感的。但是随着社群的慢慢扩大，越来越多的人加入社群，每个人的想法开始变得有一点点不同，当突破临界值的时候，就会产生多个目标和愿景，造成整个群体的分散。所以为了防止群体的崩塌，我们不能放任群体自由发展愿景，而是要人为地在不同阶段发布一些任务和愿景，引导大家朝着一个目标去发展和努力，并且给予相应的奖励和刺激。在这一点上，游戏公司做得就非常好，游戏中常常会组织游戏公会举行公会战，每一个人在公会战中都会为自己的公会贡献一份力量，大家在达成这个任务的时候，就会产生强烈的归属感。

但是如果只是简单地聚集，那么大家可能会为了掉落的装备和角色适配而选择不同的副本去完成任务，这个时候就会造成公会力量的分散。而如果我们有了一个明确目标，指定是几家公会之间的战斗，在统一的外敌和共同的目标驱使之下，就可以放下个人的想法，重新团结起来，所以在不同的阶段选择合适的、可完成的目标是整个团体发展的重中之重。如果目标过大，则难以获得成就感，会导致整个团体的崩塌；而如果任务过于简单，则不能满足所有人的参与需求，参与感的降低也会造成整个组织的动荡。

最后强调一点，就是组织愿景和个体愿景之间要统一，每个组织中，个体愿景在大体上必然跟组织愿景是统一的，但是仍然会存在一定的偏差，在这个时候我们要对这些偏差进行干预。譬如我们可以帮助个体去实现一些他们的想法，或者对于他们的想法，给予一定的帮助或补偿。如果不能很好地处理个体愿景和组织愿景的关系，长期积累下来，矛盾可能会在某一个时间点突然爆发。所以我们需要集中一段时间，帮助一批具有共同需求的人，集中满足他们的需求，作为他们对组织贡献的回报。但是对于那些希望个人愿景凌驾于组织愿景之上的人，一定要及时将其清理出群体。

（3）亚文化

一个成功运营的粉丝社区，最后一定会形成自己独有的文化体系。这种文化也被社会学家们称作亚文化或副文化，即与主文化相对的那些非主流的、局部的文化。换句话说，在主文化或综合文化的背景下，亚文化是一种为某一区域或某个集体所特有的观念和生活方式。一种亚文化不仅包含着与主文化相通的价值与观念，也有属于自己独特的价值与观念。

虽然亚文化很难发展成一个庞大的文化体系，但是仍然是一个独有的体系。在整个亚文化的发展过程中，除了所有成员要贡献自己的力量之外，组织者也要有意引导整个亚文化的形成。亚文化的形成，最主要的是要具有自己独特的“语言体系”，譬如在阿里，公司内有一个花名体系，也就是说，每个人要给自己选一个金庸小说中人物的名字，作为自己的花名，这就是一种典型的亚文化特征。在这个体系中，只有自己人才能够明白这些符号的含义，这时，群体中会自发地将掌握这种技能的人划为一类，从而使成员产生强烈的归属感。

在很多餐饮企业的营销过程中，也经常使用这一招。譬如星巴克会有隐藏菜单，仅仅向资深会员提供。还有一些酒吧会把自己的门设置成机关，只有来过的VIP客户才知道如何打开。除了拥有自己独特的“语言体系”之外，在服装、首饰和Logo等细节上面形成自己所独有的特征，也是亚文化的重要组成部分。

就如我们经常说的绅士文化，其实就是通过穿西装这种外形上的塑造形成的一种亚文化，它代表着专业、认真等一系列的精神属性。还有我们给自己喜欢的明星、球员起外号，也是一种亚文化形成的过程。所以在一个组织中间，尽快设计一些独特的、隐藏的内部标签会加速亚文化的形成。除了实体物品之外，还需要建立一些精神层面的门槛，譬如只有这一个群体能够明白这个梗的含义的时候，这个梗往往会让圈内人产生强烈的满足感，并在反复提起的过程中，强化群体的概念，加强个人和群体的关联。

为了更好地弘扬群体亚文化，要鼓励和奖励现象层面的文化成果和高效的内容制作者，推动群体成员为此而努力。组织应选择新形成的亚文化产品和有利于组织发展的文化成果，借助各种渠道去协助这些产品和文化成果的传播。组织内部会随着这些亚文化产品和文化成果的传播而变得更加紧密团结，组织外部会有更多的人随着亚文化的传播而加入组织。

第八章

关注市场风向，把握流量热点

流量为自媒体带来的价值不可估量，流量为无数自媒体人创造的红利有目共睹，其来无影去无踪的神秘感，及其背后的巨大价值，令自媒体人心向往之。世人皆知流量的价值，知道拥有流量的非凡意味，但流量日渐枯竭，增长日益乏力，常常令无数具备价值的灵感埋没于沙海中，终其一生无法乘上流量的快舟熠熠生辉。好的文章与想法如何才能与流量共舞呢？

即使一些自媒体创业者拥有新奇想法且完成了全新品牌和核心竞争力的打造，但业内匮乏的流量仍会令其望而却步，他们更多时候只能通过对少数市场的痛点打击来取得一点收获。新生的自媒体和新的品牌打造究竟如何化流量劣势为优势，在流量红利的时代如何凭借运营的智慧分得一杯羹呢？

“10万+”的阅读量，数千次转载与铺天盖地的刷屏；拿到推广，成为广告主、流量主，用文章实现自己的价值……多少自媒体人的梦想和终极愿景是让自己的思想以文章的形式恒久流传，在影响一批又一批人的同时，享受传递思想、收获追随者、换取财富的美妙过程，实现这样的愿景仅仅凭借一腔热血是远远不够的。流量时代悄然而至，自媒体的新春正在焕发，如何让流量流动汇集是我们应当关注并核心讨论的问题。

1. 得流量者得天下

百舸争流——如何从竞争中脱颖而出

2018年年末的一份公开数据显示，超过70%的自媒体人通过流量主分成或广告植入获得收益。2019年年初，随着智能手机用户的数量突破7亿，市场中的流量像宇宙大爆炸一样暴涨的阶段已经过去，逐渐呈现出随历史进程稳定上升的趋势。也就是说，在现有各大中小企业与个人以自媒体的身份争相涌入市场的情况下，除了对已有的流量份额的争夺外，新的流量逐渐壮大的可能性微乎其微。

在这个市场阶段，如何从众多竞争对手中脱颖而出是个难题。各大领域的流量巨头已经形成并强势控流，各个流量源的巨头进行流量垄断，几乎不留任何余地，这直接导致流量费用增加，获客成本持续攀高且没有丝毫下降的趋势。当巨头与被巨头扶持的人轻轻松松刷屏分流，年轻的自媒体人的机会与希望也就蒙上了阴影。

良莠不齐——市场乱象下如何独善其身

暗物质是理论上可能存在于宇宙中的一种不可见的物质，它可能是宇宙物质的主要组成部分，但又不是构成可见天体的任何一种已知的物质。大量天文学观测中发现的疑似违反牛顿万有引力定律的现象可以在假设暗物质存在的前提下得到很好的解释，可以说暗物质在无形之中对整个宇宙的运行产生着巨大的影响，让原来的物理学公式不再普适。

自媒体圈与流量界同样有着自己的“暗物质”，这些“暗物质”在不被觉察的情况下，更是施加了自己的“暗能量”，为整个圈子带来难以估量的影响。令人记忆犹新的事发生在2016年9月，也就是微信公众号刷量工具“瘫痪”事件，其暴露了众多“大号”阅读量造假的事实，一篇“5万+”的稿件，可能只有300多个真实阅读量，这让广告主触目惊心的同时，也令业界感到震惊，入行者内心的混沌不言而喻。流量让人爱之深又恨之切，人们爱它创造的价值与潜力无穷的信息传递能力，恨它得之不易的光环背后遮盖的辛酸努力。

形形色色、涉足各种领域的自媒体人如何利用后发优势破局？在如此严峻的市场条件下，自媒体从业者如何占领市场的一席之地？要知道，这个社会从来不缺少埋头苦干的写手，可以想象他们在各自领域都有着自己独到的见解，甚至拥有足够的能力去影响这一领域的发展。比方说今日头条上许多足球领域的写手，借助敏锐的洞察力、分析力，融合百家所长，凝练出了一篇篇具有非常高水准的文章，结合详尽的数据分析，完全拥有对话足球俱乐部的实力。但如果这些都是没有分到足够流量的文章，那么终究会永远地埋没在写手的原创文章库里。这既是自媒体价值的损失，也是足球领域的损失。

然而方法总比困难多，若想流量制胜，便要流量破局。巧妙运用流量黑洞与吸引力法则，诸多问题将迎刃而解。

2. 流量黑洞与流量吸引力法则

海纳百川，黑洞不黑

今日之自媒体，恰恰需要自媒体人有成为流量黑洞的自我认知和实践能力。个性化账号是强大的流量黑洞，通过自己的文章深度和解读能力创造出的能量吸收大量粉丝，其引流的过程与宇宙中的黑洞吸引物质的过程有着异曲同工之妙。账号就是一个黑洞的主体部分，而领域涉足的范围就是事件视界，黑洞在聚集能量的同时，事件视界就是外显的影响力。从自媒体这一领域来说，黑洞能量越强，意味着打造出了更有深度和更具数据说服力的文章和品牌，足够大的事件视界一定意味着足够大的广度，同一领域的多元化呈现同样会带来足够大的外显影响力。比如对于足球自媒体人，除了要对中国的联赛机制有一定的挖掘外，若是能深度挖掘欧洲联赛中的球员与体系，甚至有深度的大数据分析，就可以形成矩阵式呼应，为自己的核心竞争力添砖加瓦，也可以吸纳更多类型的粉丝，覆盖面更广。

黑洞之所以“黑”，是因为其超强的吸引力，使得光都无法逃逸出去。对于自媒体账号而言，要想成为流量黑洞，就要将所处领域的读者最大限度地转化为粉丝，提升自己的引力场。每一个粉丝都像是一束光，一个光粒子。树立流量黑洞意识要求自媒体人尤其要注意粉丝的感受，后文中会详细阐述这一过程及新流量的产生与迭代。

吸引力法则——滚雪球和薅羊毛

黑洞的吸引力遵循近代物理学中的诸多理论要求，有着严苛而精妙的规律可循，因此天体物理学家才可以在浩渺的宇宙中发现一个又一个“看不见的”黑洞。对于自媒体人而言，账号或品牌能够吸引粉丝并夺取流量创造价值，这其中同样有可以遵循的大道所在。一味埋头努力的人值得赞扬，却不值得效仿，运用吸引力法则往往可以达到事半功倍的效果。

依据万有引力公式我们不难发现，黑洞是依靠自身的质量获得强大的引力的。对于自媒体人而言，账号的质量由内容决定，内容的质量则由内容的深度与时效性等决定。换言之，账号的内容一定要对现实具有指导意义才具备灵魂、具备吸引粉丝的基本能力。吸引力法则强调利用读者兴趣，以此为出发点，有针对性地收获一部分粉丝，这就是滚了一个小雪球。接着，以基础粉丝和基础流量为发散通道，让粉丝得到在该自媒体账号身上薅羊毛的收获感与满足感，基于此，收获更多粉丝，滚出一个更大的雪球。

我们常常见到微博上有许多转发抽奖的大V用户，他们正是利用薅羊毛这一行为带给粉丝潜在满足感的，施加小部分的利益，以引起更多的关注，分得更多的流量。我们不妨做这样的换位思考，用户本身对自己的关注列表中多一个或者少一个账号并不太在意。不同于自媒体人具有自身领域的局限性，用户大多在不同的领域有着或多或少的兴趣分布。如果能让用户对自己的领域多一些倾向性，就可以实现滚雪球的目的。因此，我们要做的就是慢慢经营，不要着急扩粉，要先给粉丝提供有价值的内容，让粉丝主动去扩张，从而带来粉丝增量，扩大黑洞能量的思路其实已经过时了。一个恰当的比喻就是，上述过程类似于下雪过程，任由自然中雪的堆积而形成一个较大的雪球是非常困难的，这需要非常多的偶然因素，也没有自媒体人在推出自己的文章（或者制作的视频短片）后的反应是：顺其自然，听天由命。我们希望人人都能接收到自己的文化产品输出，因此必须遵循滚雪球似的流量吸引力法则。

3. 自媒体人如何打造自己的流量黑洞

质量更大的物质

黑洞以质量取胜，质量越大，黑洞具有的引力越强，吸引的物质也就越多，自身质量因此增加，对物质的吸引力也就越强，从而形成一个良性循环。吸引质量更大的物质即自媒体人要吸引自身领域中的深度用户。深度用户是指对该领域拥有浓厚兴趣和进行过长期的业内深入观察，在行业某些现象发生时可以给出自身见解的用户群体。例如，足球领域的意甲老球迷或者是从中超老甲A联赛时代就开始感受中国足球“三十年河东，三十年河西”的铁杆球迷，军事圈的各类收藏大神，有过一线设计经验的老师傅，在军工设计领域拥有较高学历的知识分子……这些人一旦转化为粉丝，对于该领域的自媒体人来说有着重要的意义。因为他们是各自领域的“老炮儿”，具有多年积累的影响力，这是一种无形的流量代入和吸引力，他们就是“质量更大的物质”。

如何通过吸引这些人来打造自己的流量黑洞是一个非常值得探讨的问题。这个过程与商品的销售大致相同，只是商品变成了文章等形式的文化输出产品，而企业文化则成了自媒体人或运营团队的个性。在这里我提出“四点论”，这四点不仅适用于营销战略，更是自媒体人用以产生强大吸引力的四部曲。

①热点，即热门的关注点。

新闻时讯讲求时效性，自媒体文章同样如此。相比于历史回顾，把握住热点可以直接借助公众情绪达到推波助澜的效果，这一点是不瘟不火的历史回顾无法比拟的优势。要想说服你的受众成为你的粉丝，要使内容引起受众的某些情绪和观点的共鸣，使之产生想要长期感受这种共鸣的心理活动。那么找准公众对这一领域的集中观点，将其作为文章导向就非常容易引发大量的共鸣了。

切忌犹豫和逆流。犹豫体现为自媒体人的延迟输出，一旦错过了公众情绪最高涨的点，再去追随热点不仅不容易借助共鸣吸引粉丝，反而会因为迟到的观点输出引发一些反感，得不偿失。逆流就是我们通常看到的“抖机灵”。有些自媒体人为了刻意避开主流观点，逆流而上，认为出其不意、反其道而行之的行为会引发深刻思考，从而涨粉。这是非常不可取的行为，其实最好的方式是在主流思想中加入个人的辩证思维，呈现出立体化思考的思维模式，以达到让人耳目一新的效果。比如在一场比赛中不占优势的一方输掉比赛，除了批评声，受众也希望看到这背后蕴藏的深刻意义，而不希望一无所得。因此，为了吸引粉丝，内容投其所好、追逐热点固然重要，但更要有自己的观点输出，使受众有所收获。

②爆点，即突出的标签。

文章具备了标题，也就具有了爆点。爆点是指关键词或符号，要简短且辨识度高，比如“逃离北上广”，还要具有强化统一的视觉符号。突出关键词的形式非常多，行文过程中图片的视觉冲击和文字的加粗等简单形式都会使文章具备爆点的基础，同时要言简意赅和有一定的艺术气息。对于一篇讲述北上广生活的深度观察文章，“生活在北上广”一定不如“逃离北上广”更有表现力，后者借助动词“逃离”，生动形象地再现了一线城市打拼者身处其中却又希望逃离的矛盾感。最重要的是，除了具有非常强的表现力，简短并具备辨识度的爆点能够先入为主地引起共鸣。俗话说：“万事开头难。”一个爆点就是一个成功的开头。

③卖点，即核心竞争力。

自媒体上的文章如同企业营销的产品，粉丝好比顾客，没有核心竞争力的文章就如同没有卖点的商品，无人问津是必然的。文章的核心是文章的灵魂，在此基础之上的图文构成有血有肉的整体。问题导向是常用的卖点制造方法，文章具备解决问题的能力才会使其具有魅力。解决一个核心问题的过程就像自媒体人在与矛盾冲突的当事人进行身临其境的对话或是访谈，感受力非常强。我曾经读过一篇有非常不错的阅读量和转发量的文章，出自一个名叫“历史大挖客”的足球博主。他对英超联赛曼联的引援和该球员的表现进行大数据整合分析后，直接以对话俱乐部的方式给出了该球员的使用建议和球队阵型的人员搭配建议。这样的文章实在是卖点十足，当然也在今日头条顺利斩获了青云计划奖，可以说是非常成功的一次卖点营销。

④槽点，即引发争议的点。

文章忌平，即没有值得讨论的地方，一旦读者读完文章没有感觉到意犹未尽，没有值得回味的地方，这篇文章就失败了。

更远的物质

对于自媒体人而言，坚持在一个领域的一个方向上写文章，自然会写出好文章。粉丝群体就像一个个光粒子，从四面八方而来，就像五湖四海爱好苦辣酸甜的人们。形形色色的自媒体人所写的五花八门的文章和各异的观点，再掺杂不同的论证思路，让读者感到捉摸不定。在这样的情况下，读者们会毫不犹豫地寻找与自己的观点不谋而合的文章并对这样的作者产生非常大的好感，这就是我们通常讲的寻找归属感。

读者的思维决定了他们的关注与喜好。自媒体人需要通过强化自己账号的事件视界，更大程度地吸引来自更远处的光，账号的事件视界就是对该领域的认知深度。今日头条上成功的自媒体人的共同特点是，在同一个领域他们能够开创不同风格、不同视角和面向不同对象的更大的领域覆盖度。比如体育领域的作者，除对每场最新比赛的深度复盘之外，大多还有对球员的深度分析以及对某一家俱乐部的深度剖析。

4. 打好自媒体的闪电战与持久战

账号除了是系统性文章的产出源，更是碎片化信息的聚集地，正如黑洞会吸收掠过的光子，吸收宇宙中的尘埃。及时吸收该领域的碎片化信息会使得账号保持很高新鲜度，充满活力的账号每天都会给粉丝群体带来新鲜感，这就是俗称的“养号”，我们称之为黑洞养成计划。

黑洞养成计划要“急功”“心切”。“急”体现为迅速和及时，尽量避免以长文的形式更新，而要以“微言大义”的风格引发思考和讨论。其具体形式各异，“微头条+标签”的百字短文就是非常值得借鉴的形式。不少成功的自媒体人会给自己的账号制作非常有趣的标签，比如“足球流言制造机”，顾名思义就是带来一些足球界的花边新闻，深受很多粉丝的喜爱，在增加用户黏性的同时，也让严谨的账号风格多了些情趣。“功”体现在效果上，文章应达到快速引发思考、引发扩散的效果，避免花上不少时间去细品一篇文章来获得新感受的过程。

这是一个信息爆炸的时代。粉丝与自媒体人是非常明显的交易关系：粉丝群体的关注、阅读和转发为自媒体带来流量和影响力，自媒体账号为粉丝群体带来知识增量。在流量可以变现，知识就是财富的时代，这是非常稳定的供需模型，双方的关系由兴趣爱好、专业、工作直接决定，十分自然。这就要求自媒体人必须能为读者提供足够的信息增量。这些增量，或许是读者群体在领域内的衍生与新机遇的发现，或许是专业背景下产生的启发，甚至是茶余饭后的谈资。

5. 打造自媒体的奇点

自媒体的奇点在哪里?

奇点就像黑洞的心脏，储存信息，凝聚着全部的质量，我们的流量黑洞一样需要这样的内核去承载主观意志。新浪微博的大V账号下面，常常可以见到挂着“铁粉”标牌的粉丝，他们大多是与博主保持着高频度互动的忠实粉丝，故而得名铁粉。铁粉的存在，一方面说明了博主有一批非常忠实的粉丝，并且粉丝保持着相当高的关注度；另一方面则反映了该账号具备自己的“账号奇点”。奇点作为黑洞质量的中心，是黑洞最核心的部分，它的各项数据决定了整个黑洞的性质——质量、体积和生命周期等。那么对于自媒体人而言，构建自己账号的奇点是关乎整个账号生命周期和发展上限的重要内容。

专业素养是自媒体账号发展上限的决定性因素，读者对信口开河、张口就来的自媒体不可能保持长久的忠诚。专业素养体现在文章的质量上，正如黑洞的质量集中在奇点上一样，文章的专业程度直接决定了读者群体的黏性。比如论证分析类的文章，如果连基本的论文形式都不具备，甚至出现了诸如连图——图片连续排布且不附加文字说明、图文原创度不高等专业素养问题，那么这样的账号、这样的自媒体人就缺失了奇点。奇点是质量中心，一旦物质不能集聚，又如何打造自己的流量黑洞呢？

账号的内核，即自媒体人意志的体现。也就是说，自媒体人的文章一定要有观点的体现，要将主观意志开门见山或潜移默化地施加到读者身上。我们的账号如果让读者产生如沐春风的感觉，那么我们就有了良师益友般的粉丝群体。从流量黑洞的角度出发，账号本身就具有巨大的吸引力。个性化的账号设定，就像一个拥有强人设的人，通过潜移默化的渗透，占领读者的潜意识，使读者不仅会在第一时间联想到它，还会主动推荐给别人，给它带去新的流量。

6. 自媒体的白洞思维

站在黑洞对立面的“巨人”——白洞

白洞是广义相对论所预言的一种性质正好与黑洞相反的特殊天体。

它是一个强引力源，其外部引力性质均与黑洞相同，白洞可以把它周围的物质吸积到边界上形成物质层。不妨把白洞视作宇宙中的喷射源，可以向外部区域提供物质和能量，但不能吸收外部区域的任何物质和辐射，所以白洞是一个只发射、不吸收的特殊宇宙天体，与黑洞正好相反。按照白洞理论，白洞和黑洞相似，也有一个封闭的边界。聚集在白洞内的物质，只可以经边界向外运动，而不能反向运动，因此外面的物质不能进入这种天体。虽然白洞目前仅是一种理论上存在的天体，尚未被观测证实，但是白洞思维却已然成为一种独特的思维模式，耐人寻味。

自媒体的白洞思维——创造能力与新领域牵引

白洞象征着输出与创新，代表着对新领域的牵引。建立白洞思维，发生在建立黑洞思维后的下一个阶段，也是更高阶段，其是一种升维的思维方式——从吸收粉丝、吸收流量过渡到打造差异化、树立品牌并发散能量的更高维度。打造差异化是指在同一领域里打造与其他人不同的内容，因此在内容上要体现出“你无我有”的显著优势。比如，现在很多教育类账号，针对的群体主要是孩童，但刚刚起步的教育博主最好将受众定位为一个别人没有想到的群体，青少年群体就是一个很好的方向。青少年教育不仅仅涉及传统的心理教育，也可以拓展到商业知识的普及。再比如，故宫IP的运营思维就是在最初的吸引力法则的基础上实现了向文化输出方向的转型。

创造不是天马行空地随意发挥，而是合理外延，是经过深度加工创造出全新的思考。这就是思维的升级过程，也是文章内核的升级过程。没有人会克制自己对未来的好奇心，尤其是该领域的爱好者。当自媒体人帮助自己的粉丝思考他们没有想到的问题时，就会产生向新领域的迁移。这样就避免了跟同领域的竞争对手在同一概念下进行纠缠，为了有限的蛋糕争得你死我活。在表现形式上，我们最常看到的升维定位就是“重新定义×××”或者“×××革命”。升维定位并不是竞争导向，而是用户需求导向。要像白洞一样将新的物质喷吐出来，正如前文中强调过的粉丝与账号之间的供需利益关系，按照粉丝乃至广大用户群体的需求创造新的价值，定义新的概念和新的模式。升维的核心目的不是在现有的高度上击败对手，而是在新的高度上俯视对手，独占流量市场鳌头。

第九章

如何通过自媒体赚到第一桶金

相信你了解了这么多，心底一定会有这样一个问题：花费了很多的时间和精力投身自媒体，如何将内容变现呢？很多自媒体新人初入这个行业，不太了解自媒体的收益获取规则。本章主要是让自媒体新人了解自媒体写作大概有哪些收益，让大家了解这些收益的获取方式和收益之间的差异。

本章主要分为两部分，第一部分重点讲述平台支付类收益，比如广告收益、问答奖金等；第二部分介绍读者付费类收益，主要包括读者打赏、收费专栏等。平台支付类收益和读者付费类收益之间有很大的区别，本章将会帮助自媒体新人对这两种收益有一个清晰的认识，并选择适合自己的方向去钻研。

1. 平台支付类收益：扶持更多优质内容创作者

下面，我们以今日头条为例，来分析一下平台给作者制定的规则，让大家清楚平台的目的和要求，让自媒体新人可以快速找到适合自己的领域和栏目。要想了解平台支付类收益，其实只需要研究平台的规则，不需要太在乎读者喜好，自媒体平台会根据平台的规则将你的内容在各渠道进行推广。

广告收益

广告是互联网出现之后，伴随和支撑互联网发展的重要产业，早期的网站主要就是通过广告来获得收益的。

自媒体的本质其实还是媒体，而媒体的主要收益来源是广告。这个产业已经非常成熟，不需要再去探索和创造。广告收益是自媒体人最常见的收益，也是最容易获得的收益，但是自媒体广告和传统媒体广告还是存在一些差别的。

传统媒体广告是根据各个媒体的传播效果来预测曝光率，根据曝光率来计算和支付广告费用的。这种情况下，广告效果很难精准预测，往往比较适合通用性产品，最多也就是根据电视台、报纸的覆盖范围来选择一下区域，或者根据是儿童栏目还是偶像剧来大致界定一下受众范围，很难精准分析广告的效果。

而互联网媒体广告则不同，它充分利用自己先进的技术优势向传统媒体广告不能精准分析的问题发起挑战。其优势有三个：第一，广告投放商可以精准获取用户观看广告的数量、时间、次数等一系列非常详细的数据，经过对数据的统计、汇总及分析，可以了解广告投放的最终效果；第二，广告投放商可以根据用户对广告的态度——是被吸引点击广告查看详情还是直接关闭广告，来分析用户对这条广告是否感兴趣；第三，广告投放商可以通过大数据分析绘制用户画像，得到不同区域、不同性别、不同年龄的用户对于不同广告的反馈，继而确定广告的最终效果。

互联网广告有多种收费模式，我们只有搞懂了这些模式，才能在和广告商合作的时候选择合适的合作模式。

最常见的是CPM模式，也就是我们常说的千人成本模式。这和传统媒体广告非常像，就是每一定量的用户看到了这条广告，就要向广告主收取相应的费用。这种模式十分简单，我们只需要做好自己的工作——写好文章，并在所发布的文章中插入广告就好了，不需要对广告效果负责。由于这种模式过于粗放，因此其竞争越来越激烈，单价越来越低，现在单价基本上为0.1元/千次，但是日积月累下来收益还是非常可观的。如果能够保持每天不断发文，确保稳定的10万+级别的文章，可以实现月入过万。如果能力出众加幸运降临，出现一篇千万级别的爆文，一篇就可以带来上万的收入。所以广告收益是自媒体人最基础、最稳定、最重要的一种收益来源。

还有一种CPC模式，就是点击收费模式。由于CPM模式下广告主不清楚最后广告的转化率，因此，小的自媒体人并不容易接到较好的广告订单，太低级的广告订单又对自身形象有影响，于是出现了这种结果导向的收费模式，也就是统计有多少人点击了这条广告，根据点击量来付费。很多做公众号的朋友都知道，点击几下自己文章中的广告，自己的午饭钱就出来了。广告点击收费模式的单价比单纯的展现要贵10倍以上。这种模式虽然收益高很多，但是如果只是单纯地将广告放入文章中，其实效果并不好，最好的方式是基于这条广告写一篇有吸引力的文章，在最后放入广告，让大家看完文章之后有点击广告的冲动。这也就是我们常说的软文，现在小红书等平台已经成为这种模式的主战场。

除了上面两种模式之外，还有一种比较高端的玩法，就是CPA模式——根据用户行动收费。这是CPC模式的细化和衍生。CPC模式下，仅仅通过用户点击广告就可以收取费用，而CPA模式对应了下载、安装、购买等一系列动作。最近很多抖音博主推荐游戏、App等的广告都是按照下载安装数量进行收费的，CPA模式的收费现在很多已经达到10元/次的标准。很多美食主播介绍餐厅就是按照到店人数来收费的。另外，现在的微商也是这种模式的典型代表，通过成交量来获取自己的提成。这种模式除了要求自媒体人有内容制作能力之外，还要求其有一定的销售技巧。它是这三种模式里最难的，但是这种模式也是三种模式里盈利最高的。

我们现在知道了虽然广告收费模式不同，但无论哪种模式，都会带来一定的收益，那么问题来了，自媒体新人去哪里寻找投放广告的广告主呢?

在早期自媒体产业发展还不是很成熟的时期，广告主对于自媒体的认可度还不高，只有拥有大量粉丝的大V账号才能和广告公司或者广告主谈判。所以那个时期自媒体人的首要工作就是吸粉涨粉，只有粉丝涨到了一定程度才有机会接到广告。为了可以早点产生收益，很多人选择购买粉丝，以让自己可以用更高的价格承接广告。这样的作弊行为极大地打击了整个自媒体的广告产业，不仅使广告主遭受损失，还让很多老老实实做事情的自媒体人受到波及。

早期的“买粉”行为不仅造成广告主很难选取合适的自媒体投放广告，还使没有商业渠道和谈判能力的自媒体人无法维持产出、运转。很快，一些大的自媒体平台意识到这个问题，开始尝试利用平台的力量集中承接商业广告，再通过平台的整体技术监控，确保广告主的利益得到保障，同时帮助自媒体人专注写作，避免浪费时间及精力去谈广告。

自此，自媒体广告模式从直接的“广告商—自媒体”模式发展到“广告商—平台—自媒体”模式，平台把大量小而零散的自媒体流量聚集在一起进行销售，自媒体被团结成了一个整体。这样，自媒体人就不再需要大量的粉丝做基础，只要自身的文章有阅读量，就可以从总收益中获得自己的那一份收益。自媒体的门槛大幅度降低，不再需要大量的前期投入，其迅速变现的特点，吸引了大量优秀人才涌入自媒体行业。

问答奖金

随着互联网的发展，越来越多的人成了现在网络咨询的创造者，越来越多的人通过互联网来咨询一些问题，希望能通过别人的回答来解决问题及获取一定的专业知识。这种情况下，越来越多的人在互联网上销售自己的经验、分享自己的心得。我们上学的时候可能遇到过这样一种情况，不管老师讲得多详细，由于思维方式、理解能力、想象力等各方面的差异，学生还是有很多问题需要去问老师。所以，如果只是单纯地在网上表达自己的观点，很难满足读者多样化的需求。

我们在学习过程中有一个体会，对于一门课或者一个知识点，老师其实是很难讲出很多花样的。但是学生由于对这些知识点还没有深入了解，往往会问出很多千奇百怪的问题，这是因为他们在某些方面的认知有缺失，对某些边界条件不熟悉。在互联网上早期的咨询结果一般都是学术性文章，用老师的视角去传递信息，老师存在的同时就会出现大量的学生，而这些学生遇到问题后就需要寻找答案。

早期的论坛里经常会出现大量的求助帖，而求助帖可以说是这种现象的见证者。我们可以在互联网上寻找到大量官方操作文档，但是当我们按照这些文档中的步骤去操作的时候，经常会出现和文档描述不一样的地方，造成操作失败。这个时候我们很难再通过官方渠道去获得更多帮助，只能在论坛上寻求有经验的人或者有过相同经历的人的帮助，看看他们是如何解决问题的。这样的求助帖往往会带来大量的讨论和交流，于是慢慢地出现了很多专门回答问题的平台，我们称之为问答服务平台。

这些平台上面有大量的问题，你能想到的或想不到的都会出现在这个平台上。一个问答服务平台吸引更多的人来观看的核心就是有一批高质量的回答问题的用户。我们把这些人和提问的题主分开，称之为答主。很多答主本身就是某个领域的专家，也可能只是某个领域的爱好者，但是如果长期只凭着兴趣来回答问题的话，是很难得到持续发展的。所以问答服务平台都会给予优秀的答主奖金激励，让他们可以在自己擅长的领域做出更多的回答，帮助更多的人解决问题。这样问答服务平台就可以吸引更多的人来这里寻找解决问题的良方，通过较高的人气使网站的价值得到提升。

通过回答问题来获得问答奖金的核心并不是用高深的知识去回答一些有着极高难度的问题，而是要用朴实无华的语言，深入浅出地去回答一些常见的问题。其实这是一项非常难的工作，因为很多专业人士对于自己所处的行业太熟悉了，完全不能理解为什么这些人会问这样的问题。他们看到这类问题，脑海中的第一反应是："只会是这样呀，还能怎么样？只有这一种选择呀！"这也正是科技类作者多而科普类作者少的原因。对一个问题进行很专业的解释和说明其实是一件不太难的事情，如果想用简单的语言去教会一个人，反而是一件很难的事情。

自媒体的出现很好地解决了问答服务平台答主稀缺的问题，大多数自媒体从业人员都有比较好的表达能力，同时这些自媒体人往往都有自己的本职工作，并不是单纯的自媒体人。这种复合型的自媒体人正是问答服务平台所需要的，同时问答服务平台也给了自媒体人早期涨粉的重要渠道。在自媒体账号创立的前期，很难在一批大V中获得自己的粉丝，但是我们来问答服务平台，则可以通过对大家关心的问题进行有针对性的回答，并在解答中体现出自己的专业性，来聚集一批属于自己的粉丝。这样自媒体工作者和问答服务平台之间就会形成很好的共生关系。

可以说问答服务平台是早期自媒体发展最重要的阵地，比起发文章这样单纯的输出型工作，在问答服务平台上可以一边聚集自己的粉丝，一边获取现金收益，从长远发展来看性价比更高。很多时候我们并不是写不出来文章，而是没有好的题材，不知道大家想看什么，问答服务平台则刚好解决了我们不了解用户需求的问题。我们通过不断地回答某一类型的问题，即可聚集粉丝，然后对这些问题进行一定程度的提取，有针对性地写一些更详细的文章来解释说明这些问题，就会使得我们的账号又聚焦又接地气。

平台奖金

随着自媒体的快速发展，各大自媒体平台都在想办法吸引更多的用户，同时尽量提高平台的留存率。对于自媒体平台来说，如果想要留住用户，那就只能通过增加平台优质内容的方式。能够创作出优质内容的创作者，就会成为各大自媒体平台争抢的对象。为了留住这些优质创作者，让他们在本平台持续创作，各大自媒体平台会用各自独特的激励机制来给优秀创作者相应的奖励。

一部分人很在乎自己曾经获得的荣誉和奖励，这些荣誉和奖励，在很长一段时间内都会成为他炫耀的资本。很多人在上学的时候得到过各种奖励，比如大学时的院奖学金、校奖学金等。学校通过颁发奖学金的方式来刺激学生努力学习、积极进取，很多大学生也会以获得校奖学金、国家奖学金为荣，因为这是对他们学习成绩的一种认可，他们甚至会在毕业求职时将这些成绩写在简历中，以此来证明自己的能力。

就像学校会为了鼓励学生努力学习而推出院奖学金、校奖学金一样，为了鼓励平台创作者积极创作，发布更多优质的内容，各大自媒体平台都会发布自己的激励机制，让自媒体人在获得广告收益的同时，也能通过平台奖金获得额外收入，这也体现出了平台对他们所发布内容的认可。以今日头条为例，为了扶持优质原创内容，鼓励原创作者持续创作，今日头条推出了一系列签约、扶持、奖励计划，并给予创作者一定的奖金，以增加创作者和自媒体平台的凝聚力。

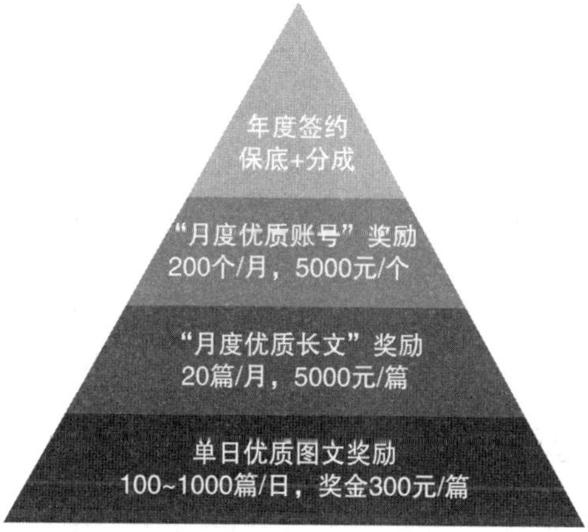

奖励详情：

“年度签约”：多次获得今日头条青云计划奖励的账号，将有机会与平台签约；
“月度优质账号”奖励：每月奖励 200 个账号，每个奖励 5000 元；
“月度优质长文”奖励：每月奖励 20 篇长文，每篇奖励 5000 元；
“单日优质图文”奖励：每天奖励 100~1000 篇文章，每篇奖励 300 元；账号每月首次获奖，奖金 1000 元。

▲ 今日头条青云计划

自媒体人为了获得相应的平台奖金，就一定要了解并掌握平台的各种激励及奖励规则，在各方面提高自己的创作能力，找到自己和别人之间的差距，并在相应方面重点提升，达到平台评选标准，以便获得平台奖励和奖金。同时自媒体平台会不定时地推出一些限时的激励活动，发布一些特定话题，鼓励创作者积极参与，自媒体人可以通过参加活动来瓜分平台奖励。这就需要自媒体人及时关注平台的各种活动计划，按照活动规则和要求积极参与，坚持内容输出。

平台奖金是自媒体人获得收入的一大来源，很多今日头条的创作者通过获得青云计划奖金就实现了月入过万。当然了，青云计划奖，不仅能让自媒体人获得奖金收益，还能让自媒体人产生自豪感，很多今日头条创作者都以获得青云计划奖为荣，因为它代表了平台对创作者内容的一种认可。

2. 读者付费类收益

读者付费类收益主要通过读者对创作者发布的内容进行打赏、购买收费专栏或者购买课程来获得。这对创作者的要求比较高，只有在明确了解读者的痛点与深层次需求，并且发布的内容能够满足读者的知识获取需求或者其他某种需求的情况下，读者才会愿意支付相应的费用，创作者才可能通过这种方式来获取收益。这种模式对创作者的要求更高，但是相应的收益也更高。

打赏

移动支付的出现和普及使人们在手机上支付越来越方便，接受度越来越高。这种简单方便的支付模式使得自媒体的收益方式中慢慢出现打赏这种形式。我们可以在很多自媒体的文章后面看到打赏的选项，如果你觉得这篇文章让你很满意，或者很有收获，可以选择一定的金额来打赏这篇文章的作者。这就好比我们在微信群找人帮忙投票，以红包换取转发一样，通过支付一定金额来表达自己的感谢。在讨论打赏功能之前，我们先简单说一下读者和创作者之间交流方式的发展史。

随着互联网的发展，媒体的交互模式由单纯的创作者向读者输出，转变为创作者和读者的双向交互。最早出现的交互方式是留言，读者可以将自己关于作品的想法通过留言的方式反馈给创作者，创作者看到留言后同读者进一步交流。留言更多注重读者来信的电子化，让双方之间的交流变得更加快捷，但是这样的交互负担太重，需要有较强的表达能力和交流意愿才行。

很多时候我们看完一篇文章后觉得很好，并不想通过留言的方式来表达感受，而是希望能和创作者有种简单、快捷的交流，在这个诉求之下，出现了点赞的功能。读者点赞，更多的是表达对创作者的认可和鼓励。由于其比较轻量级，操作也很便捷，只需要点击一下屏幕就可以，没有后续那么多交互的动作，同时还可以表达自己对创作者的认可和鼓励，因此点赞功能一上线，就迅速成为读者和创作者之间交互最多的渠道和手段。

有很多文章写出了读者的心声，或者读者觉得内容非常有用，很希望把这些观点、情绪等分享给自己周围的人。为了满足读者的这个需求，转发功能就诞生了，这个功能既可以让读者的需求得到满足，还可以帮助创作者扩展自己的阅读人群，从而增加阅读量和收益。和上述留言和点赞功能一样，有的人比较外向，愿意用评论和转发这样的外向性行为来和创作者互动；有的人则比较内向，希望用比较内敛的方式来表达对创作者的肯定。其实，如果说点赞对应评论，那么打赏就对应转发，是通过直接给予创作者一定收益的方式来感谢作者对自己的帮助。

打赏功能看起来简单，但是彻底打破了自媒体的运营模式。在打赏功能出现之前，自媒体人的主要收益来源于平台和机构。为了让平台满意，满足平台和机构的标准和要求，研究平台的运营模式和算法是自媒体人的一项很重要的工作。但是打赏的出现，让读者不再是创作者和广告商谈判的筹码，而直接成了服务的主体。就像报纸除了广告收益之外，向大众发行取得的收入也是一个重要的收入来源。早期的自媒体行业中，读者是无法激励创作者的，但是随着打赏功能的出现，一大批自媒体人可以在一定程度上摆脱平台的束缚，更好地服务读者，通过他们对自己文章的打赏或者购买，来支撑自己的自媒体梦想。

打赏主要是为了满足读者情绪表达的需求。很多时候我们的读者并不能很好地梳理自己的情绪，也很难用文字表达出来，但是这并不意味着他们不愿意表达自己的情绪。这时，意见领袖站了出来，他们提炼和抽取热门事件中的核心逻辑，并表明自己的观点和情绪。这样的文章往往比较尖锐，强烈地表达对某些事情的看法。当这些看法和情绪同读者的看法和情绪相吻合的时候，就会被大众所认可，读者就会产生点赞、评论、转发甚至打赏的行为。

付费专栏

自媒体人在一个领域内如果已经取得了一定的成就，就可以将一系列的创作内容打包成一个专栏，提供给读者一项完整的内容服务。相比于一篇篇独立的文章，基于一个主题的一系列文章或者视频更容易吸引读者的注意，也更容易让读者产生购买的欲望。

专栏从某种意义上讲更像是一期杂志或者是一本书，从各个方面较为系统地介绍某一个领域的知识。读者购买专栏的逻辑同购买杂志和书籍非常相似，要先对这个领域非常感兴趣，譬如化妆技巧、美食制作和二战历史等；而对于读者来说，这个专栏正好有自己需要的内容，于是就会产生购买的欲望。

专栏的销售模式是先付费，而且通常来说价格都不高。对于专栏来说，如何激发读者购买的欲望是关键。和书籍、杂志的销售手段一样，我们需要让读者先看到一部分有吸引力的介绍和描述，可以通过试读一部分作品的方式，来吸引读者的兴趣，让读者通过试读对作品产生一种"这就是我需要的内容"的想法，从而刺激读者产生购买的欲望。

大家一定要注意收费专栏不是收费课程，它和课程之间有本质的区别。我们做一个专栏，就是要把一个简单的道理讲透，往往会采用深入浅出的方式，同时选题一定要有趣味性。在自媒体平台上，课程讲得很专业，但是读者不感兴趣，这在一定程度上来说就是一种失败。所以我们在选择专栏题材的时候，一定要注意，要么题材非常有趣，要么能够帮助别人。

最常见的专栏类似一个专题，专门讲解某一段时期的历史等，而课程则是强调它的实用性。如通过商业类的话题营销等角度去分析该如何做好营销这份工作，它要提供的是比较实用的东西，必须是满足读者需求的内容。我们往往在一开始，会设置1~2章的试读。在这里，要把自身优势介绍出来，充分介绍你的这门课，让读者能够相信你，另外还要充分介绍你的这门课重点解决了什么问题，你对这个领域有什么样的认知，曾经取得过什么样的成绩等，这些都是课程销售必备的内容。

你还要把一些问题和收获在前面的几个章节里讲清楚，让读者产生一个预期，从心理上认识到这门课会给他带来什么样的收获。而专栏的销售，往往是通过微头条代课的这种形式，在完成一个专栏以后，要去专栏完成一系列的微调，促使读者在阅读微头条的时候产生兴趣，从而去关注你的课程，所以微调是关于整个专栏的一些介绍性的内容。

课程收益

课程也是内容服务的一种形式，它和专栏的区别在于，专栏更多的是讲知识，而课程更多的是教技能。专栏更多的是让读者了解一些有趣的知识，但是这些知识读者不一定有使用的机会。譬如我们看一个介绍飞机的专栏，并不意味着我们在现实生活中有强烈的开飞机的需求，但是如果我们选择一门开飞机的课程的话，一般是真的需要用到这个技能。所以专栏很多时候是满足读者的好奇心，帮助读者深度了解一个知识体系，而大部分课程需要帮助读者掌握一项技能，并达到一定的深度。

“掌握”和“了解”这两个词有天壤之别。仅仅靠课堂教学这种单一的教学方式并不能让读者掌握技能，所以课程除了老师授课环节之外，还需要安排配套的练习和作业，并且对这些练习和作业进行批改，通过作业和练习的完成情况判断读者对课程的掌握程度，制订下一步的学习计划。这样复杂的服务过程决定了我们的定价不可能很低，而高定价一定又会让读者在购买的时候产生疑虑、担心。所以我们在课程的选择上，应该尽可能地选择那些和线下课程相比有明显优势的课程。

线上课程最大的优势就是空间上的优势，譬如英语口语课就是线上课程明显优于线下的案例。英语口语课程中，学生最好和外教直接交流，通过互联网可以让大量外教直接和中国孩子进行一对一交流，还可以免去前往培训机构的时间和家长陪同的时间成本。但是在互联网上教芭蕾舞就不是一个很好的方向，因为芭蕾舞教学过程需要老师现场纠正动作。现场面对面教学的时候，老师如果发现姿势不正确，走过去纠正一下就好了，但通过语言远程纠正动作显然是不太可行的。

随着知识付费的概念逐渐深入人心，售卖课程将成为未来自媒体最重要的收益渠道。我们通过文章和问答吸引粉丝，通过专栏激发读者的兴趣，通过课程来实现自媒体价值的最大化。现在很多自媒体人通过多年的积累，已经拥有了一大批粉丝，但是他们在变现上仍是依靠广告、带货这些渠道。课程的收益不仅仅来源于课程本身，配套物品销售也是利润点，教学过程中需要的其他东西的销售，譬如美食课程中的食材、工具，美术课程里的颜料、画笔也都会获得不少的收益。更重要的是，可以让其他自媒体人来做你的下线，让他们做你的分销商，这个时候你就从一个人单打独斗发展成了组织化经营。

当你一个人做的时候，大多数情况下收益和你的时间投入正相关，你努力一点，收益就多一些；你松懈一下，收益就少一些。但当你开始利用其他人来推广你的课程之后，你只需要制定合理的分销价格，你的一级代理就会去发展更多的人来成为你的渠道，这样你就能实现指数级发展，实现财富不断增长。

第十章

自媒体人的三大利器

自媒体人必须要具备建立个人知识体系和逻辑思维的能力。个人知识体系可以通过不断学习和积累逐渐建立，而逻辑思维则必须要经过刻意的训练。大家在阅读和学习的时候都会发现，只有有逻辑的内容才会有条理，才不会让读者看得云里雾里。针对个人知识体系和逻辑思维的建立，有几大利器：幕布、石墨、印象笔记。本章将做重点介绍。

1. 幕布

职场白领们常常需要提升以下几项能力。

学习能力和知识积累能力：述职报告PPT总是没逻辑，年终总结总说不到重点，简历不知道如何写，该怎么处理？

表达能力：面试时该如何沟通？如何即兴演讲？

谈判能力：面试时该如何谈判，才能要到更高薪资？跟老板谈涨薪，要聊哪几点才能说到他的心坎上，让他答应你的涨薪？

演讲能力：你在公司年会或者某个产品培训会上，突然被点名，要求即兴给大家介绍下自己或者介绍下你设计的产品，你该说哪几点？要重点强调哪些关键词？要突出介绍哪些情况？

处理琐事能力：产品调研或开会时，迅速捕捉要点，形成会议纪要；看完一本好书，充分输出自己的理解，形成读书笔记和脉络；制订每年、每月、每周的目标和计划；写一本书、一篇文章或者设计一个产品前，搭建逻辑脉络图。

其实，以上这些问题，归根结底可以归结为一种能力：逻辑思维能力。逻辑是一个人思想的底层结构，有了逻辑，你说话、做事、写文章才能条理清晰，有的放矢，有条不紊。

说话或写文章时是否有逻辑，主要在于你的思考是否有逻辑、有条理。无论你是说出来，还是写出来，那只是思想的一种表达形式，其实体现的都是你的逻辑和知识储备。加强底层逻辑和知识储备，你自然能提高表达能力和写作能力，而不要一味地追求套路或技巧。

什么是逻辑？逻辑并不抽象，它和我们的生活息息相关，并且无处不在。举几个简单的例子你就明白了。

要完成一次搬家，面对生活了五年的地方，该从哪里着手，如何分工协作？想和爱人去旅游，面对一个从未去过的地方，要怎么获取那个地方的各种信息？怎么计划行程？怎么安排路线？还有三天就要去一家非常心仪的公司面试，而要面试的那个岗位是从未接触过的，如何在短短的三天内把相关行业和岗位调研清楚，并在面试时跟对方侃侃而谈？要跟老板谈涨薪，要聊哪几个方面？要如何让老板以愉悦的心情听你的表述，你又如何清楚表达自己的意图，并且说到他的心坎上，让他答应你的涨薪？

这些例子充斥在生活中，不胜枚举。除了上面这些场景，还有很多没有列举的场景，我用一个工具就能搞定，它就是幕布。幕布能帮你迅速建立底层思维逻辑，帮你搞定各种沟通、谈判、演讲和培训等，小到随时随地激发灵感，迅速解锁专业领域知识，大到商业模式的建立、人脉关系管理，都离不开它。很多人在尝试之后都会使用，在用过的人中口碑非常好，而且这个产品是免费的，高级版只是有更多样式，但还是有很多人会毫不犹豫地花钱买高级版，足见这个产品的魅力。

逻辑是一棵树，你需要先有这棵树，才能把各种碎片化的知识挂在树枝上。

我们可以这样管理自己的知识体系：先创建知识体系树，有了这棵树，就有了主干和枝丫，之后每获取一个知识点，就挂到这棵树对应的树枝上，逐步累积，直到枝繁叶茂，最终形成个人的知识体系。

幕布适合逻辑性的呈现，不适用于呈现大段的文字。如果需要就某个点进行深挖，可以配合使用印象笔记或者有道云笔记。

幕布像笔记本一样，随时记录灵感，并且形成逻辑层级，非常方便记录，还能一键生成脑图，同时每个点都可以不断下钻、扩展、再分层。

这里举例说明几个幕布非常适用的场景：

①写文章、写书、列提纲的时候；

②做会议记录的时候；

③演讲、临时表达前，用幕布梳理要点；

④做读书笔记的时候；

⑤迅速了解一个全新领域的时候。

2. 石墨文档

你是否存在这样的困扰：每次更换电脑、备份各种资料时，都会感到疲惫不堪；经常出差或随时随地办公，需要多端（手机、电脑、iPad）同步使用；多人协作办公，需要经常沟通细节，反复修改，来来回回发邮件，费神费时又费力？

石墨文档能够很好地解决这些问题，石墨文档的详细用法，在此就不详细介绍了，在这里重点分享几个最突出的功能，以最大限度地发挥石墨文档的优势。

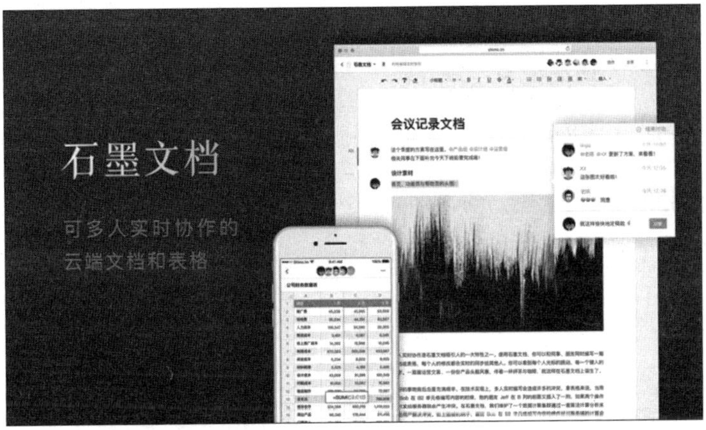

协同办公竟如此简单

石墨文档具有超级方便的多人、多平台协同处理的在线协作功能。在多人同时编辑同一文档时，我们可以通过浮动头像实时看到其他人的编辑过程。我之前经常跟异地的合伙人用微信沟通公司运营思路，经常在沟通中“头脑风暴”出不少有价值的干货。但是，事后整理微信聊天记录里的干货时很费时费力，还有很多有用的信息会淹没在对话里，更别说语音对话了，还得转文字。运营过社群的人都知道一个词——“爬楼”，就是把群里分享的干货脱水整理出来，这需要一个人付出时间成本。用石墨文档可以实现多人直接操作文档，能实时了解到其他人的想法，省去了事后整理的麻烦。

细节评论功能是石墨文档的另一大特色，借助这个功能，可以对文档中的细节性内容进行评论，让大家一起参与讨论，这非常适合产品和运营团队用来讨论方案和撰写周报等。这样一来，团队运营人员可以直接在一个文档里轻松完成方案讨论和稿件校对等需要多人协作的工作，无须再通过反复发邮件这种传统低效的方式去沟通，也不会因为版本太多搞错版本而出问题。所有文档都会实时保存在云端，方便随时随地查看、编辑和分享，也能查看文档的编辑历史。

高效的多人协作办公中，用权限做好数据安全管理是关键。石墨文档的分享功能使用起来十分灵活，分享时可以灵活选择“只能阅读”“可以编辑”等权限，从而既能达到有效分享，又能防止数据泄露及恶意修改等情况发生。

多端同步

创业以来，我常常要面对很多事情，团队成员也分散在各个城市。工作不是单一的事务，我还要随时学习、读书、写文章、沟通谈判及运营社群等，工作场景也经常在咖啡厅、高铁、飞机之间切换，如何高效地运用时间，随时管理团队，这是个问题。

我一直希望找到一款轻量级的办公工具，能一部手机走天下，石墨文档很好地满足了我的这个需求，能够帮我管理所有团队成员的文档、思路；能够帮我有条不紊地管理项目；手机、iPad和电脑等终端上的信息能够随时同步。

有时我们在坐车、去洗手间、吃饭时，或者看到一本书上的某句话时，灵感就涌现了出来，这时，我们可能会赶紧掏出手机记录下来。很多这样的文字片段最后都需要汇总成文，那么，就需要一个工具将我们的灵感汇总在一个地方，以防丢失。石墨文档刚好可以满足文字不遗漏，随时随地记录，多端记录、多端同步的需求。

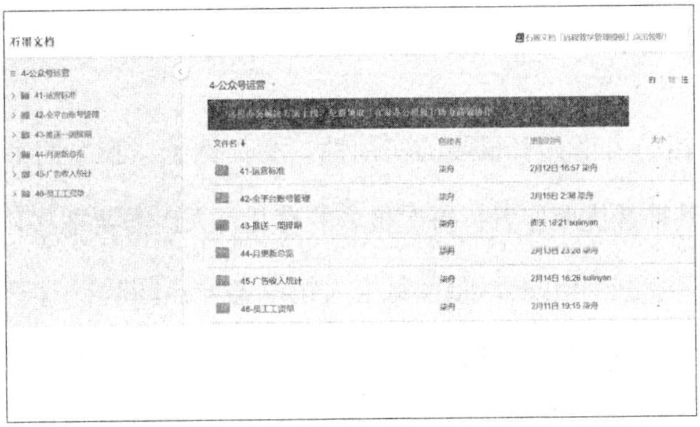

强大的内置模板

石墨文档里内置了大量现成的模板，主题从项目管理、时间管理、计划管理到会议纪要、笔记管理、个人清单、习惯养成等，一应俱全，而且非常好用、美观，很符合使用场景。每个模板基本都可以拿来就用，不用浪费时间修改，把你从做各种模板、表格的工作中解放出来，让你的每一分每一秒都用在做正事、思考、学习上，让你把你的时间放在做具有更大价值的事上，而协同、管理的事就交给石墨文档。

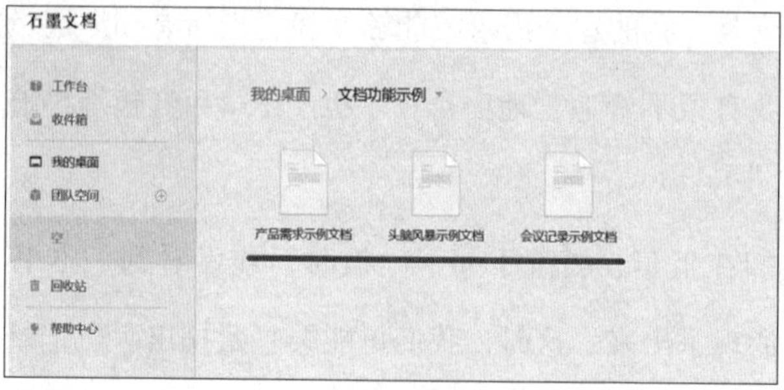

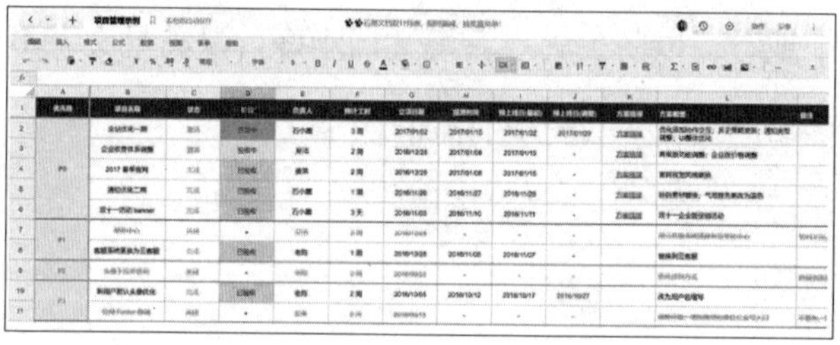

石墨文档的表格具有很强的实用性，举个例子：我每期都要跟头条平台合作，为其推送优质作者，每次报名的有几百人，需要把这几百人的微信号、头条号等都统计出来，而且每个人情况各异；同时，对于头条平台来说，汇总各个机构推荐的优质作者也是一项非常浩大的工程，并且每个机构编辑表格的时间也都无法统一，而石墨文档就很好地解决了这个问题。

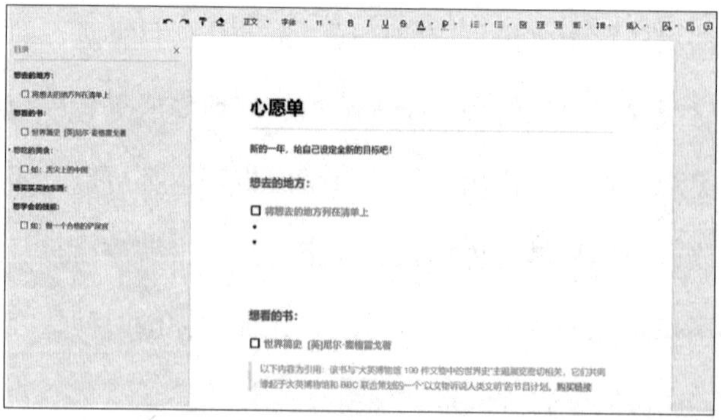

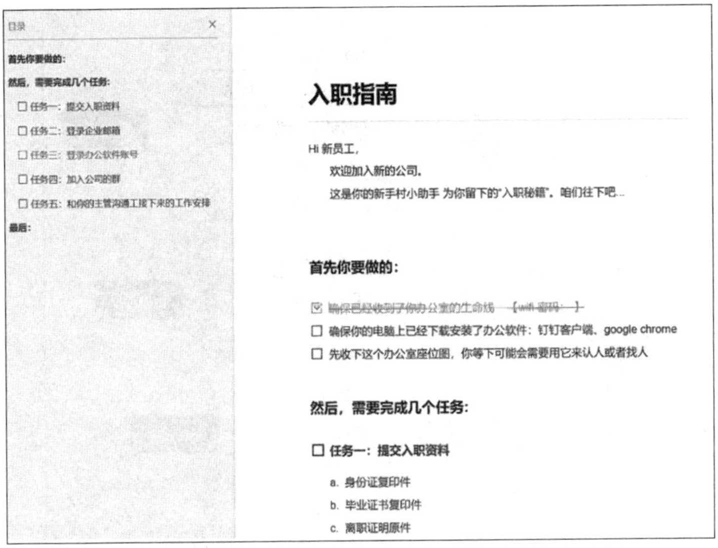

感觉有了它，生活都变得井井有条了，一起用起来，提高工作效率，把时间花在更值得的事情上。

3. 印象笔记（Evernote）

目前印象笔记在全球有2亿用户，在中国有2000万用户。Evernote公司总部位于硅谷红木城，2012年进入中国，取名印象笔记。印象笔记是一款跨平台，具有免费和付费两个版本，可以帮助整理归档的云笔记软件。

印象笔记适合需要整理海量知识点的学生、想要构建项目管理体系的职场工作人员等。

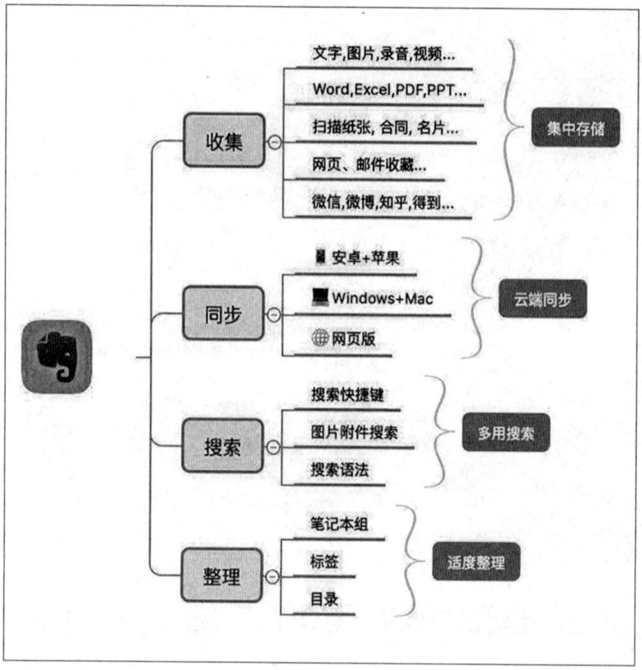

印象笔记的优势

西方有一句古老谚语“An elephant never forgets”，说的是大象相比于其他生物具有极强的记忆力。而印象笔记作为一款笔记软件，也像大象一样，可以让人随时随地在平台上记录所思所想和所见所得，并能迅速地搜索到任何记忆。

（1）无纸化优势

传统的纸笔记录本身存在一个不可逾越的物理界限，即不同笔记本之间的必然分离。我们不可能拥有一个可以无限书写的笔记本，也很难随身携带所有的笔记本。无纸化记录则完全可以满足我们随时记录和同步的需求，它让笔记之间、笔记本之间不再存在物理界限，这就是无纸化记录相对于传统纸笔记录最大的优势。

（2）链接所有

所有你能看到的和听到的东西都可以放进印象笔记。

（3）搜索一切

所有印象笔记里存在的内容都可以被搜索到。

（4）无限扩展功能

Markdown作为一种轻量级的标记语言，可以用简洁的标记语法代替鼠标“指指点点”的操作。其最大的特点是易读和易写。所谓易读，是指Markdown格式文件不会像HTML那样满屏幕充满括号和各种缩进；而易写一方面是指相对于复杂的HTML标记语言，Markdown语法简单、学习成本低，另一方面是指熟悉相关语法规则后，写作时可以脱离鼠标，享受沉浸式写作的高效与乐趣。

对于程序员或重度文字工作者而言，过去很长一段时间印象笔记对于Markdown的“无动于衷”已经成了他们内心深处的痛，彼时想在印象笔记上使用Markdown不得不借助第三方工具或者插件。

（5）多设备同步与共享笔记

我在自己的手机、家里的电脑、公司的电脑还有Apple Watch上都安装和登录了印象笔记，工作中很少用Office文档，基本都是直接写在印象笔记里面，微信聊天记录里面的图片文件，还有电脑桌面上重要的附件也会存到印象笔记里，可以随时查看编辑笔记，实现随时随地移动办公。

另外，印象笔记支持很多设备及系统。

手机：苹果、安卓系、Windows Phone、Blackberry。

电脑：Windows、Mac OS X、Linux。

手表：Apple Watch、Pebble Watch、Android Watch。

共享笔记：印象笔记可以共享单条笔记和笔记本，权限可以设置为仅查看、仅编辑、编辑和邀请，非常安全。

如何创建笔记

笔记操作栏：完成笔记编辑及其他操作。

笔记看板：这里展示你所有的笔记，你可选择查看某个笔记本（组）或标签的笔记，笔记的多种视图模式可供选择。

必学操作：印象笔记的内容库，来源于一条条笔记，接下来就手把手教你创建一条完整的笔记。

①新建笔记：点击“创建笔记”，在顶部信息栏选择所属笔记本，添加标签。

②填写标题：加上“类别”“1”“2”等数字前缀，可以帮助你更好地归类笔记。

③编辑笔记：印象笔记提供基本编辑工具。

如何高效使用印象笔记

（1）多用搜索

一定要多用搜索，就跟你用微信一样，虽然没有联系人分组，但是可以加几个常用标签，不要忽视标签，它可以实现快速搜索和定位。即使将微信联系人花时间细分了很多组，最后查找起来还是不如搜索快。

（2）习惯用搜索

多数人习惯打开笔记本列表，从上看到下，然后打开笔记本，从第一条滚动到最后一条，十分麻烦，应善用搜索快捷键。搜索笔记本的快捷键为Cmd+J（Mac）、Ctrl+Q（Windows）。

（3）搜索范围

搜索单条笔记，就像你在Word、PDF、Excel上用Ctrl+F一样。

搜索单个笔记本，如同你同时打开180个Word文件，并同时搜索。

搜索所有笔记本，如同你打开100个Word文件，又打开100个PDF文件，然后同时搜索。

只搜索所有笔记的标题，在关键词前加上“Intitle”就可以。

（4）图片搜索

图片搜索，不是用图片来搜索，而是直接搜索图片中的文字，包括印刷体、中英文手写体和大Logo图案（免费账号也可以使用的功能）。很少人知道Evernote在初创时期，是专门做图片内文字识别的，其曾经也给苹果做过技术外包。

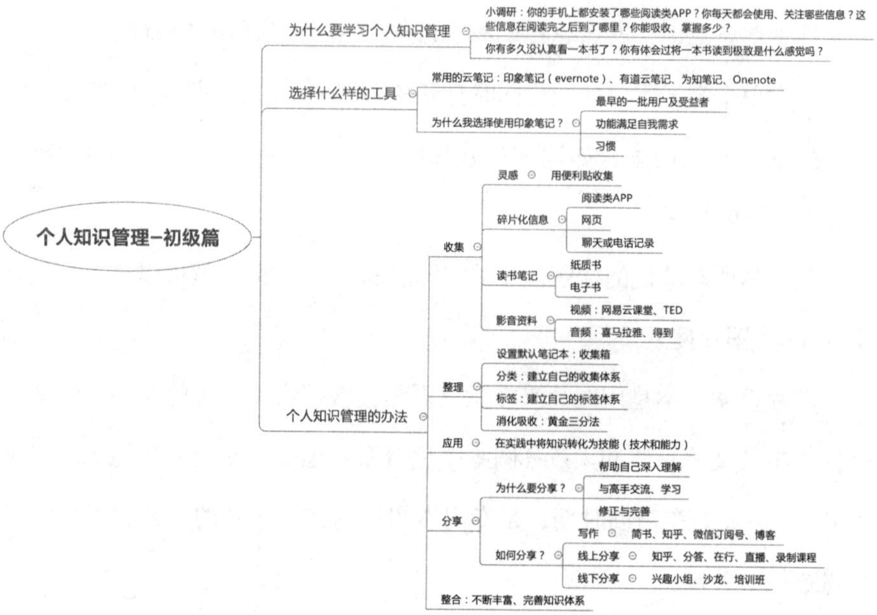

快速保存网页与邮件

手机和电脑浏览器都可以用印象笔记剪藏插件一键保存完整网页到印象笔记。移动端支持iPhone、iPad和安卓手机浏览器（手机上安装印象笔记App后，按照下页图片所示的步骤就可以开启剪藏）。

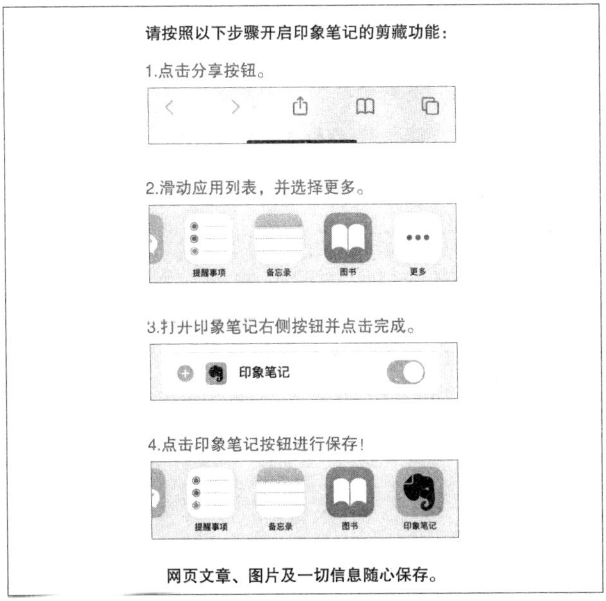

剪藏在电脑浏览器上功能更加强大，下载剪藏插件“Web Clipper”即可实现一键去广告、智能保存内容等操作（支持Chrome、IE、Firefox、Safari、QQ、猎豹和360等浏览器）。

把重要的邮件转发到你的印象笔记私有邮箱地址(类似<username>.xxxxx@m.yinxiang.com），然后就可以保存完整邮件到印象笔记，离线查看和编辑。

查看印象笔记账号的私有邮箱地址的方法如下。

网页版：设置→账户一览。

Windows：菜单栏→工具→账户信息。

Android：设置→账户信息→私有邮箱地址。

Mac：用户名→账户信息。

iOS：通用设置→私有邮箱地址。

结语

最后，希望每位立志做自媒体内容的创作者不忘初心、坚定信念，向着自己的目标不断前行。我会一路陪着你们，帮你们排忧解难，我是柒舟，一个专门帮自媒体创业者打造个人品牌和变现的人。

感谢

感谢我的爱人对我的事业的大力支持，感谢我的合伙人邹教授，也是本书的另一位作者的倾情分享，还有郑苏峰、苏霖艳、谢毛妮等人的大力帮助。最后，希望每个自媒体人能够坚持自己的梦想与追求，永不放弃，我愿做舟，帮助每个自媒体人到达胜利的彼岸。